关键对话：
如何高效能沟通

卜晓斌 编著

成都地图出版社

图书在版编目(CIP)数据

关键对话:如何高效能沟通 / 卜晓斌编著. -- 成都：
成都地图出版社有限公司, 2018.10(2023.6 重印)
ISBN 978 - 7 - 5557 - 1075 - 2

Ⅰ. ①关… Ⅱ. ①卜… Ⅲ. ①人际关系 - 通俗读物
Ⅳ. ①C912.11 - 49

中国版本图书馆 CIP 数据核字(2018)第 239999 号

关键对话:如何高效能沟通
GUANJIAN DUIHUA:RUHE GAO XIAONENG GOUTONG

编　　著：卜晓斌
责任编辑：陈　红
封面设计：松　雪
出版发行：成都地图出版社有限公司
地　　址：成都市龙泉驿区建设路 2 号
邮政编码：610100
电　　话：028 - 84884648　028 - 84884826(营销部)
传　　真：028 - 84884820
印　　刷：三河市宏顺兴印刷有限公司
开　　本：880mm × 1270mm　1/32
印　　张：6
字　　数：136 千字
版　　次：2018 年 10 月第 1 版
印　　次：2023 年 6 月第 7 次印刷
定　　价：35.00 元
书　　号：ISBN 978 - 7 - 5557 - 1075 - 2

前　言

　　每个人生命中不可避免地会遇到各种各样的"关键时刻"，它们可能是：

　　一份可以决定你升职与否的合同，签订前，客户犹豫不决，你却无计可施；

　　一场重要的商业谈判，已陷入僵局，眼看即将不欢而散；

　　朋友提出了一个让你很为难的要求，你却不知如何拒绝；

　　面对上司的无端指责，你找不到应对的方法；

　　……

　　大多数人在面对难以解决却将对自己的工作和生活产生重大影响的"关键时刻"，都不知如何应对。其实，如果你掌握了高效能的沟通技巧，就既能圆满地解决问题，又不会伤害或冒犯对方。

　　沟通作为人们最简单、最直接的交流方式，它的重要性是不言而喻的。我们已经告别了那种"鹦鹉学舌，不离于禽；猩猩能言，不离于兽"的人云亦云的时代。在纷繁复杂的现实生活中，学会更深刻地领悟沟通的真谛，显然是大势所趋。

　　当今的社会，是一个人际关系复杂、社会活动频繁的社会，无论做什么，都需要先用语言去沟通、去交流。一个掌握了高效能沟通技巧的人，每说一句话都能使人如沐春风、温暖无比；而一个不会有效沟通的人，一句话出口，则能使人如坠冰窟、寒彻透骨。 同样是说话，为什么会有如此大的区别呢? 这其中的关键原因就是有人能口吐莲花，把一句话说得如丝竹琴瑟般悦耳动听、讨人喜欢，而这样的人，也大都是生活中的成功人士。 而那些失败者则大多败在了不会说话上。

只有掌握了高效能沟通技巧，才能把话说到对方的心坎里，圆满地解决自己在"关键时刻"所面临的困境。 一句话可以成仇——一句话说错了，会破坏人际关系的良好互动； 句话说错了，会导致功败垂成。 一句话可以成福——一句话说对了，可以得到益处；一句话说对了，也许会向成功迈近一步。

掌握高效能沟通技巧，是一件看似简单实则不易的事。 说简单，是因为我们每个人都会说话，都知道说话要讨人喜欢；说不易，是因为把握别人的心理很难，而且绝大多数时候说话是即时的，容不得你仔细斟酌。 那么，怎样才能让自己说的话更具魅力，更讨人喜欢，字字如珠玑，句句入肺腑呢? 答案就在本书中。

本书用通俗易懂的语言、娓娓动人的故事、实际有效的例证，向读者介绍了各类情况中的口才艺术以及生活中针对口才的训练方法，其内容易懂易学，方便实用，借鉴性和操作性极强。 书中介绍的方法与技巧，让你在上司面前应付自如，在同事面前侃侃而谈，在谈判桌上游刃有余，在经商路上招财进宝，在客户面前落落大方。

2018 年 8 月

目　录

第一章　听的艺术：高效能沟通的关键在倾听

沟通的前提是倾听 / 002

传达心声，从听开始 / 006

倾听的价值也在于获取有用信息 / 010

听话不要听一半 / 014

察言观色，发现对方未表露的期待 / 018

听懂对方在说什么，并与之产生共鸣 / 022

第二章　一见如故：让对方愿意与你对话

第一句话决定交谈的深度 / 028

让对方乐于跟你交谈 / 033

给对方留下"志趣相投"的印象 / 038

少用"我"字开头，摆脱过度自恋 / 040

多说"请"字，给他人留下良好印象 / 042

笑容是缓解气氛的终极技巧 / 044

第三章　洞察心理：把握对方内心，有利顺畅沟通

言语风格显现个人性格 / 050

话题暴露他人真意 / 055

口头禅透露真实性格 / 057

通过语气了解性格特点 / 064

谈话特征告诉你对方心理 / 067

用打招呼时的特征分析他人心理 / 071

网聊小细节，揭示潜在本性 / 074

第四章　找准话题：让对话持续

寻找共同话题，引发共鸣 / 078

平淡的话题更有亲切感 / 082

善于动脑，话题无处不在 / 086

因人而异，说话一定要看对象 / 089

懂得衍生，让话题无穷无尽 / 093

第五章　成功交谈：让对话进行得更融洽

把话语权交给别人／096

耐心是对话进行的基础／103

做个好听众，适时发表个人意见／107

说话要深入浅出／109

照顾对方的情绪，别自说自话／115

求同存异，交谈中掌握主动权／119

第六章　完美回应：回话比说话更重要

用谦虚的态度回应他人／124

不要轻易否定对方／128

实话婉说，直话巧说／132

不该说的莫开口／134

说真话需要勇气，更需要智慧／137

少说，话才有力量／141

第七章　妙用幽默：最具感染力的说话艺术

把自己打造成笑谈高手／146

善用幽默可以广交朋友／148

善说"趣言"，炒热气氛／151

巧用幽默自嘲，化解窘迫局面／155

冷场开涮——幽默逗你喜笑颜开／158

幽默要恰到好处，玩笑要合乎分寸／161

第八章　得体赞美：完美交流要会说漂亮话

赞美话甜人心／164

赞美对方引以为豪的事／167

赞美越具体越好／172

有新意的赞美更能打动人／176

发自内心的称赞最能使人愉快／179

赞美他人要留意赞词／181

把握好赞美他人的度／183

第一章

听的艺术：高效能沟通的关键在倾听

沟通的前提是倾听

　　人们每天做得最多的事应该是沟通。 工作时，与同事沟通，与客户沟通；在家时，与父母沟通，与配偶沟通，与子女沟通；一般时候，还会与朋友沟通，也可能与陌生人沟通。 沟通无时无刻不在进行着，而沟通对于工作是否顺利、家庭是否和睦、做人是否成功等，都扮演着相当重要的角色，甚至可以这样说，一个人的成败，完全取决于他对外沟通的能力。

　　西方有位哲人说过："世间有一种成就可以使人很快完成伟业，并获得世人的认可，那就是讲话令人喜悦的能力。"可见掌握沟通的技巧是多么重要。 通观古今中外，凡是有作为的人，都把语言表达作为必备的修养之一，如古罗马的政治家西塞罗就是一个雄辩家。 毫不夸张地说，一个人只有掌握了沟通的技巧，才可以在与人打交道的时候占尽先机，达到自己的目的，所以每个人都应该重视、培养自己的沟通能力。

　　但是，如果你真正用心体味每一次与人的沟通就会发现，完满的沟通是有难度的。 我们常常会懊悔，"当时为什么讲了那句话"，"当时怎么没这么说"，"人家怎么讲得那么巧妙"，等等。 这些懊恼、自责、羡慕是令人痛苦的，它让我们通过对比看到了自己的不足，甚至会因此怀疑自己的能力，感到自己有些无能。 而实际上，真正的沟通能力除了好口才之外，还需要另一种能力，那就是倾听。 只要把良好的沟通和不理想的沟通作比较，自然就会明白。 如果参与沟通的是善于倾听他人意见的人，沟通就更理想，因为聆听是褒奖对方谈话的一种方式。 你能够耐心地倾听对方的谈话，等于告诉对方"你是一个值得我倾听你谈话的人"。 这样在无形之中就能满足对方的自尊心，使沟通进行得更加顺利，也加深了彼此的感情。

历史上和现实中的许多实践表明，在事业上有成就的杰出人物往往是优秀的沟通者，善于倾听他人的意见。 他们总是宾客盈门，朋友众多，因为人们总是喜欢与尊重别人、平易近人的人交往。 假如你也想成为一位善于与人沟通的人，就应当先成为一位善于专心听别人讲话、鼓励别人多谈他自己的成就的人。

索尼公司创始人曾讲述过一个有趣的故事。

有一次，盛田昭夫在一位朋友举行的宴会上结识了一位著名的出版商。他以前从来没有和这位出版商交谈过。后来，盛田昭夫写下了这次交谈的经历：

"我发现此人非常有魅力。老实说，我是恭恭敬敬地坐在椅子上聆听他讲述约稿和退稿的事。他还跟我讲了关于那些不屑一顾的排版的事。正如我说的，我们是在参加一个宴会，那里当然有几十位客人，但是我违背了所有客套礼俗，对其他客人好像视而不见，只是一个劲地同那位出版商一连谈了好几个小时。

"午夜来临，我同所有的客人道了晚安之后，就离开了。那位出版商转过身去对主人说了几句恭维我的话，说我'最富于魅力'，说我如此如此、这般这般。最后，他说今晚和我聊得很开心，度过了一个愉快的夜晚。"

盛田昭夫后来回忆说："我几乎什么也没说。"

几小时内什么都没有说的人，竟然会成为很投机的交谈伙伴，并成为终身的朋友。而且日后，那位出版商经常为索尼公司出谋献策，牵线搭桥，为索尼公司的功成名就立下了汗马功劳。这实在是出人意料，但事实上又在情理之中。从出版商来看，盛田昭夫是把他作为意气相投的话友；而从盛田昭夫来看，他本人只是一名忠实的听众，只是不断地鼓励他说话。

盛田昭夫谦逊地倾听是在告诉那位出版商，他得到了极大的款待和极大的收益。事实上也是这样。倾听对方谈话，有时会很容易地得到对方的信任和好感。善于倾听会使对方心情愉快，会换来对方的理解、信任和欢乐，会使对方吐露出心里的苦恼和喜悦，最重要的，它还能使说话者感到自身价值的存在。俗语说："会说的不如会听的。"只有善于倾听他人谈话，才能更准确地把握谈话者的意思、流露出的情绪、传播出的信息，更好地促使对方继续谈下去，这也是沟通能力中很重要的一个技巧。

但是，许多人没有耐心听别人讲话，因为他们是"事业家"，是"大忙人"，生活节奏太快。不可否认，现代社会竞争激烈，一个想成功的人要做的事太多，整天疲于奔波，时间一久，性情也变得急躁，对"倾听"显得腻烦，甚至别人刚一开口，还未等对方把话说完，就会予以否定，然后以十分武断的口气阐述自己的观点。这类人往往是想通过"短、平、快"的方式，以雄辩的口才显示自己的能力，在公开场合打下根基。但是如此沟通的结果，表面看来目的达到了，事实上，却得不到别人的认同，无法建立真正的友谊，达不到心灵的沟通。

　　所以，全面的沟通能力就是说与听的完美结合。只有做到了这一点，才能真正掌握沟通能力，才能运用沟通为自己赢得机遇和成功。沟通能力的强弱并不是天生注定的，它完全可以通过后天的培养和锻炼取得，所以只要用心学习和实践，也可以在较短的时间内掌握它，并且娴熟地运用它。

传达心声，从听开始

沟通是双向的，我们并不是单纯地向别人灌输自己的思想，我们还应该学会积极地倾听。 对话从听开始，只有倾听才会了解对方。 传达心声同样从听开始。

只有倾听，才能赢得对方的心。 "成功需要倾听"，这也是我的座右铭。 世上所有人都把倾听自己心声的人当作朋友。但真正的倾听，并非那么容易。 因为那不是技巧问题，而是用心的问题。 你是个善于倾听的人吗？ 如果你的行为中出现以下七种情况中的一种或一种以上，你就应该注意改善自己的倾听技能了。

（1）和别人沟通时，打断对方讲话，以便讲自己的故事或者提出意见。

（2）和别人沟通时，没有和对方进行眼神接触。

（3）和别人沟通时，随意终止对方的思路，或者问太多的细节问题。

（4）和别人沟通时，催促对方。

（5）和别人沟通时，接打电话、写字、发电子邮件，或把注意力转移到其他事情上。

（6）和别人沟通时，忘记对方所讲的内容。

（7）和别人沟通时，特意等到对方讲完，只为方便你对他所讲的内容"盖棺论定"。

倾听的能力是一种艺术，也是一种技巧。 倾听是一种修养，更是一门学问。 要想在职场上取得成功，就要学会倾听。

善于倾听是迈向成功的捷径，最有价值的人，不是那些能说的人，而是那些最善于倾听的人。用心倾听他人的声音，就是对对方最好的关怀和体贴。人难以改变别人的想法，但是能够赢得对方的心。懂得倾听，有时比会说更重要。

倾听具有一种神奇的力量，它可以让人获得智慧和尊重，赢得真情和信任。倾听需要专心，每个人都可以通过练习来发展这项能力。倾听是了解别人的重要途径，为了获得良好的效果，我们有必要了解倾听的艺术。

倾听自己——学会发现：倾空所有的先入之见，倾听自己内心的声音，发现新的自我。

倾听你我——发掘共鸣：发现我中有你，你中有我，就能听到真实的声音。

倾听众人——共存之道：倾听对方的意见是共存共荣的途径。

实践倾听的五大行为准则：

（1）准备共鸣：准备对话时，首先要放下所有的主观意识和偏见。

（2）肯定对方：集中精力观察对方的言行，肯定对方存在的重要性。

（3）节制说话：要先去了解，再被理解；懂得节制说话，才能学会倾听。

（4）保持谦虚的态度：即使对方的想法有悖于自己，也要谦虚地去感受对方的情感。

（5）全身响应：倾听时一定要用全身来传达自己在注意倾听的自然状态。

实际上，有效的倾听是可以通过学习来获得的技巧。认识自己的倾听行为将有助于你成为一名高效的倾听者。 按照影响倾听效率的行为特征，倾听可以分为四个层次。 一个人从层次一成为层次四的倾听者的过程，就是其倾听能力、交流效率不断提高的过程。 下面是倾听四个层次的描述：

第一层次——心不在焉地听
倾听者心不在焉，几乎没有注意说话人所说的话，心里考虑着其他毫无关联的事情，或内心只是一味地想着辩驳。 这种倾听者感兴趣的不是听，而是说，他们正迫不及待地想要说话。 这种层次上的倾听，往往导致人际关系的破裂，是一种极其危险的倾听方式。

第二层次——被动消极地听
倾听者被动消极地听讲话者所说的字词和内容，常常错过了讲话者通过表情、眼神等体态语言所表达的意思。 这种层次上的倾听，常常导致错误的举动，失去真正交流的机会。 另外，倾听者经常通过点头示意来表示正在倾听，讲话者会误以为所说的话被完全听懂了。

第三层次——主动积极地听
倾听者主动积极地听对方所说的话，能够专心地注意对方，能够聆听对方的话语内容。 这种层次上的倾听，常常能够激发对方的主意，但是很难引起对方的共鸣。

第四层次——同理心地听
同理心积极主动地倾听，这不是一般的"听"，而是用心去"听"，这是一个优秀倾听者的典型特征。 这种倾听者从讲话者的信息中寻找感兴趣的部分，他们认为这是获取有用信息的契机。 这种倾听者不急于作出判断，而是感同身受对方的情感。 他们能够设身处地看待事物，总结已经传递的信息，质疑或是权衡所听到的话，有意识地注意非语言线索，询问而不是质疑讲话者。 他们的宗旨是带着理解和尊重积极主动地倾听。这种感情注入的倾听方式在形成良好人际关系方面起着极其重要的作用。

事实上，大概60%的人只能做到第一层次的倾听，30%的人能够做到第二层次的倾听，15%的人能够做到第三层次的倾听，达到第四层次水平上的倾听仅仅只有至多5%的人能做到。我们每个人都应该重视倾听，掌握倾听技巧，学会做一个优秀的倾听者。 作为优秀的倾听者，通过对朋友或者员工所说的内容表示感兴趣，不断地创建一种积极、双赢的过程。

倾听不是被动地接受，而是一种主动行为。 当你感觉到对方正在不着边际地说话时，可以用机智的提问来把话题引回到主题上来。 倾听者不是机械地"竖起耳朵"，在听的过程中脑子要转，不但要跟上倾诉者的故事、思想内涵，还要跟得上对方的情感深度，在适当的时机提问、解释，使得会谈能够步步深入下去。

倾听，是一个渴望成功的人必须掌握的技能。 无论是职场人士或是刚刚走出校门的大学生，尤其要注意掌握倾听技巧，这样你对自己的工作更能够游刃有余，收获更多宝贵的经验，从而更加稳妥地迈向成功！

倾听的价值也在于获取有用信息

能说会道的人最受欢迎，善于倾听的人才真正深得人心。话多难免有言过其实之嫌，或者被人形容夸夸其谈、言过其实。 静心倾听就没有这些弊病，倒有兼听则明的好处。 用心听，给人的印象是谦虚好学，是专心稳重、诚实可靠。 所以，有时候用双耳听比说更能赢得他人的认可和赞誉。 而倾听，不仅要倾听别人的声音，更多的时候是能听出说话者言语中的信息，这也是倾听真正的价值所在。 在我们与他人交谈时，必须从倾听中明白他人想表达的意思，因为只有这样，彼此之间的交流才能顺利进行。 如果你不会倾听，误解了说话者想要表达的意思，不但会造成你和他人之间沟通的不顺畅，还有可能会让人觉得你不尊重他，从而有损你和他人的正常人际关系。

在工作中普遍受领导欢迎的下属，多半是懂得倾听艺术的人，他们能在倾听中获取有价值的信息。 一般来说，下属与领导进行沟通，都需要从领导那里获取更多的信息，从而帮助自己加强和领导的交流和联系，推动工作更好地开展。

李某刚换了新的工作，第一天上班就在领导的唾沫中游了一遍欧洲。

"小李，你出国旅游过吗？"

"还没机会呢。"李某从这句话中听出了其他的信息，知道经理话中有话，于是不失时机地说道，"经理，您一定到过很多地方吧？"

"很多谈不上。不过这些年因为公事的需要，我倒是去了欧洲的几个国家，英国、瑞士、比利时……"

经理觉得李某是个善于倾听的人，就经常找李某聊天，李某也渐渐得到了经理的重用。

李某从经理的话中听出了经理"去过很多地方"的信息。进而抓住这点信息引出了无数的话题，受到了经理的欢迎，进一步说明了倾听的价值也在于获取信息。

会说话的人都会倾听，倾听的价值在于收获信息。只有认识到这一点，才能在倾听他人说话的时候做到认真听，并通过听获得的信息判断出他人的心理活动，从而为自己说话能有的放矢打好基础。

汉高祖刘邦建国的第五年，消灭了项羽，平定了天下，应该论功行赏。在这个时候群臣彼此争功，吵了一年都无法确定。刘邦认为萧何功劳最大，就封萧何为侯，封地也最多。但是群臣心中不服，议论纷纷。在封赏勉强确定之后，对席位的高低先后又起了争议，大家都说平阳侯曹参身受创伤七十余处，而且攻城略地，功劳最大，应当排他第一。刘邦因为在封赏的时候已经委屈了一些功臣，多封了许多给萧何，所以在席位上难以再坚持，但心中还是想将萧何排在首位。

这时候，关内侯鄂君已经揣摩出刘邦的意图，就挺身上前说道："群臣的决议都错了！曹参虽然有攻城略地的功劳，但这只是一时之功。皇上与楚霸王对抗五年，萧何源源不断地从关中派兵员填补战线上的漏洞。楚、汉在荥阳对抗了好几年，军中缺粮，都靠萧何转运粮食补给关中，粮饷才不至于匮乏。再说皇上有好几次到山东避难，都是靠萧何保全关中，才能接济皇上，这才是万世之功。如今即使少了一百个曹参，对汉朝有什么影响？我们汉朝也不必靠他来保全！为什么你们认为一时之功高过万世之功呢？我主张萧何第一，曹参其次。"刘邦听了，当然说好。于是下令萧何排在第一，可以带剑入殿，上朝时也不必急行。

关内侯鄂君是怎么揣摩出刘邦的心理的呢？原来刘邦没什么文化，在分封诸侯的时候，将一些从前跟着他出生入死、身经百战的功臣比喻为"功狗"，而将发号施令、筹谋划策的萧何比喻为"功人"，所以萧何的封赏最多。

上面的案例中，鄂君从刘邦的表现中获取了"刘邦宠信萧何"的信息，于是顺水推舟，专拣对萧何好的话讲，刘邦自然高兴。鄂君也因此多了一些封地，被改封为"安平侯"。

倾听和听见并不是一回事。听见只是倾听的第一步，因为听到只是你的听觉系统接收到了声音。就像很多人都能听见他人说话时的声音，但他们根本不能"倾听"，也就是听到并理解。比如，当下属在工作的时候，周围会有各种声音，他们的听觉系统会接收到声音，但他们未必会注意到这些。有时下属听到声音，并且看起来是在倾听领导说的话，而实际上他们只是对内在的声音感兴趣，这种现象就是"假听"。事实上，很多人在听他人说话时，都做不到用心理解自己听到的声音。 有的人认为注意声音自然就会理解声音。 不过，想想你在听到电影中的外语对话时，你就会明白，听到并不意味着理解。 你可以关注所有的声音，但并不一定理解。 "理解"就是将声音重组为有意义的模式或形式。

　　只有多听别人说，自己才能了解到对方更多的信息。 善于倾听，从他人的话中收集到有用的信息，从而为你和他人的沟通找到共同的话题，在此基础上打开他人的话匣子，让他人乐于与你交流。 借此机会，你还可以从他人那里获取你工作上需要的信息，从而有利于你工作的顺利开展。

听话不要听一半

　　你是否有过这样的经历：在对方还没有来得及讲完自己的事情前，你就打断了他的话，并大加评论。如果有的话，请尽量想想：你真的听懂对方的话了吗？

　　现实生活中，我们往往因为没有听别人把话说完就贸然下结论，这样武断的做法很容易出现谬误，甚至会影响到一件事情的成败。所以，不管是谁都要养成让别人把话说完的良好习惯。

　　在美国，有一位知名的主持人叫林克莱特。一天，林克莱特访问一名小朋友，问他："你长大后想要当什么？"小朋友天真地回答："我要当飞机驾驶员！"林克莱特接着问："如果有一天，你的飞机飞到太平洋上空时，所有引擎都熄火了，你会怎么办？"小朋友想了想，说："我会先告诉飞机上的人系好安全带，然后我挂上自己的降落伞跳出去。"

　　当现场观众笑得东倒西歪时，林克莱特继续注视着孩子，想看看他是不是个自作聪明的家伙。没想到，接着孩子的两行热泪夺眶而出，林克莱特发觉这孩子的悲悯之情远非笔墨所能形容。于是，又问他："为什么要这么做？"小孩的回答透露出一个孩子真挚的想法："我要去拿燃料，我还要回来！"

这就是听的艺术。一是听话不要听一半，要让对方把话说完。每个人说话滔滔不绝时都希望周围的人是自己忠实的听众，而自己就是谈话中的主角。这时，突然边上有人不断地插话会让我们的主角不满甚至生气。所以出于最基本的礼貌，我们不要轻易在他人谈话时插嘴，除非真的有必要一定要在别人讲话时发表自己的意见。

当对方说话内容很多，或者由于情绪激动等原因，语言表达有些零散甚至混乱，你也要耐心地听完他的叙述。即使有些内容是你不想听的，也要耐心听完。千万不要在别人没有表达完自己的意思时，随意地打断别人的话语。当别人流畅地谈话时，随便插话打岔，改变说话人的思路和话题，或者任意发表评论，都是一种不礼貌的行为。

江某在镇上盖了一栋三层的楼房，当该房子的第三层刚封顶时，几个朋友在他家吃饭。席间，突然来了一位专门安装铝合金门窗的个体户，与江某一见面就递了张名片。其实这个体户的店铺门面也在本镇，虽和江某平时也见过面，但因没有业务往来，他们都不认识。后经与那个体户交谈，他们彼此觉得非常熟悉。轮到江某作决定是否将铝合金门窗的业务让这位个体户做时，江某说："虽然我们以前不认识，但通过我们刚才的一席话，得知你对铝合金门窗安装的经验丰富，假如我房子的门窗让你来安装，我相信你能做得很好。但是在你今天来之前，我们厂里一名下岗钳工已向我提起过，说他下岗了，门窗安装之事让他来做……"

江某的话还未说完，那个体户便插话了："你是说那东跑西走的马强吧？他最近是给几家安装了门窗，但他那'小米加步枪'式的做法怎能与我比？"

哎！这话不说还好，一说便让江某顿时改变了主意，接着说："不错，他尽管是手工作业，没有你那先进的设备，但他目前已下岗在家，资金不够雄厚，只能这样不断完善。出于同事之间的交情，我不能不让他做！"

就这样，那个体户只得怏怏离开了。

后来，江某对别人说："那个体户没听懂我的意思，把我的话给打断了。本来，我是暗示他，做铝合金门窗的人很多，不止他一个上门来请求安装。我已打听到了他做门窗已多年，安装熟练且很美观，但他的报价很高，我只是想杀杀他的价格，没想到他那么没有礼貌。打断了我，还攻击同行，这让我怀疑他的人品，我宁愿找别人，也不要让他来给我安装门窗。"

贸然打断他人的话，不仅是不礼貌的事，而且什么事也不易谈成。

在别人说话时，我们不能只听到一半或只听一句就装出自己明白的样子。听人说话，务必有始有终，但是能做到这一点的人并不多。有些人往往因为疑惑对方所讲的内容，便脱口而出："这话不太好吧！"或因不满意对方的意见而提出自己的见解，甚至当对方有些停顿时，抢着说："你要说的是不是这样……"这时，由于你的插话，很可能打断了他的思路，使他忘了要讲些什么。再者，当事情还没听到结局便急于发表见解，所发表的看法也未必正确，而总想表达自己的观点，反而不能耐下心来把事情听清楚，或是不能真正把道理听懂，这样，不管是对为人处世，或是对自身的修养，都是很有妨碍的。凡事应在微小处注意，能够时时提醒自己尊重他人，哪怕是听话这么一件小事，也要学会尊重他人，不轻易打断别人。

社会心理学家通过对人际关系的研究，一致提出人际交往的一个最根本的信条就是"不打断对方，让对方把话说完"，并且要完全倾听对方的谈话，这样才能使对方开怀畅谈。只有尊重别人，才会受到别人的尊重。因此，在与人交谈的过程中，同样也应该注意尊重对方，而尊重对方最起码的要求就是不要随便打断对方的话，让对方把话说完。你耐心去听对方在讲什么，想要表达什么，结局如何，反而更能听明白一些道理。因此，当我们打断别人说话时，其实除了对他人不够尊重外，也在培养自己一颗自以为是的心，长此以往，对自己的损害将是很大的。由此可见，如果想要有良好的人际关系，就应做一个善于倾听别人讲话的人。根除随便打断别人说话的陋习，在别人说话时千万不要插嘴，让对方把话说完。

察言观色，发现对方未表露的期待

"沟通"二字，用来代指人与人之间的交流，贴切又形象。"沟"正表明了人与人之间不可弥合的距离，所以要想彼此接近，就必须"通"，可达到真正的"通"并不是那么容易的，所以知人心者说话，便能使人欢喜。知人心，即知对方的意图与心思。在人与人之间的交流沟通中，人们不可能将自己所有想说的话无所保留地说出来，如果不懂得他的意图或期待，我们就只能像一只无头的苍蝇一样，进退慌张，没有章法。只有学会善于察觉对方未表露出的意图与期待，我们说话的时候才能投其所好，确保对话的顺利进行，或成功达到交流的目的。

人与人之间的交谈很多都是通过非语言方式进行的，那么，在对话时就不仅要听对方的语言，而且还要学会察觉对方未表露的期待。注意对方的表情，比如看对方如何同你保持目光接触、说话的语气及音调和语速等，同时还要注意对方站着或坐着时与你的距离，从中发现对方的言外之意。下面就让我们来看一个没有察觉对方真正意图的对话的例子，看他是怎样丢掉自己的乌纱帽的。

清朝时期，有一位举人经过三科，最后终于谋得了一个山东某县县令的职位。当他第一次去拜见他的顶头上司时，由于紧张，以及对上司的脾气秉性等不是特别了解，谈话间他一时想不出该说什么话。沉默了一会儿，他觉得实在尴尬，于是忽然问道："大人尊姓？"这位老爷着实十分吃惊，勉强告诉他自己姓某。县令听到这个姓，低头想了很久，突然说道："大人的姓，百家姓中没有。"这时对方更加诧异不已，微微不悦地说道："我是旗人，贵县不知道吗？"县令又连忙问道："不知，大人在哪一旗？"对方回答道："正红旗。"县令说："正黄旗最贵，大人怎么不在正黄旗呢？"此时这位老爷勃然大怒，问："贵县是哪一省的人？"县令道："广西。"对方回答："广东最好，你为什么不在广东？"县令听了之后才发现对方满脸怒气，惊慌失措，急忙告辞出去。第二天，他的县令职位便丢了。

这位举人县令本来拜见他的上司就是为了讨好上司，稳住自己的官位，结果因为他自己不会说话丢了乌纱帽，说来也并不屈，设身处地地想，谁处在这位上司的位置，都会对这位糊涂举人动怒。因为这个举人竟然没有察觉，自己在问第一个问题的时候，县令早已面露愠色。交谈时，不能只是一味地说，要随时对对方的言语、表情、手势、动作以及看似不经意的行为有较为敏锐细致的观察，了解对方的意图和心思，才能随时改变话题，以便占据主动。

很多时候，我们没必要急着开口说话，在开口之前多观察，可以看出很多语言交流中听不出来的东西，这也便于你更好地与对方交流。

我们在与他人对话沟通时，一定要注意避免出现类似这位县令的情况。很多时候对方想说的话不一定只是从表面上理解的那样，话中或许还蕴含着许多尚未表露的期待。

　　某上市公司从成立至今，虽然面对全国市场的激烈竞争，但业绩一直呈直线上升，这与市场开发部对市场的努力开发密不可分。

　　周二那天，市场开发部召开例行会议，开发部王主任分析当前的市场形势，说："……现在我们公司市场占有率已经遥遥领先，全国只有青海、西藏两省区没有入驻……"

　　林某是市场开发部主任助理，平时处世灵活机动，擅长揣摩领导的心理，他知道王主任喜欢下属有准备地回答，听到此话，他灵机一动："主任，我们正在做西部市场的开拓策划，倘若下半年在西部两省区能够开拓市场，那么业务会遍布全国了，您觉得可行吗？"

　　"哦？你们已经行动了？"王主任赞许地把目光投向林某，林某点头。

　　王主任很高兴，说："做市场开发要想立于不败之地，最重要的是要有把握全局的战略意识，这一点，小林做得很好。其实，拓展西部市场正是这次开会我要通知大家的事情，根据公司的长远规划，我们将于年内开拓西部两省区。"

　　其实，林某对于西部市场的拓展，只是有想法，并没有进行具体策划，但会议结束之后，他们部门加班连夜赶出策划，在第二天便将策划报告呈送到有关部门。

　　领导看到摆在眼前的策划很高兴，一致认为既然小林早有准备，就由他全方位负责吧。于是择天召开会议，提升林某为开拓市场新任务的主管，并号召大家要配合他的工作。

在接下来半年的市场开拓中，林某工作很是出色，得到领导们的一致好评。

上例中的林某，正是凭着自己平日对王主任的了解，提前觉察出了王主任没有表露出的想法，大胆地提出自己的想法，并以策划为支持，赢得领导的好感。

正如纪伯伦说的："如果你想了解一个人，不是去听他说出的话，而要去听他没有说出的话。"要做到察觉对方未表露的期待，我们可以从以下几个方面努力：

第一，别提太多的问题。问题提得太多，容易使对方思维混乱，谈话精力难以集中。

第二，别走神。有的人听别人说话时，习惯考虑与谈话无关的事情，对方的话其实一句也没有听进去，这样做不利于交流。

第三，别匆忙下结论。不少人喜欢对谈话的主题作出判断和评价，表示赞许或反对。这些判断和评价，容易让对方陷入防御地位，造成交际障碍。

听懂对方在说什么，并与之产生共鸣

我们都知道，与人聊天应该做到互相理解，只有理解了对方的话才能顺利地进行下去。但仅仅做到理解对方是不够的，你能理解对方说的话，只代表了你听懂了对方说话，要想让对方对你开诚布公，不仅要听懂对方在说什么，还要与之产生共鸣。这样的谈话会让双方都产生一种"不是亲人，胜似亲人"的感觉。

情境同一性原理是由亚历山大等人在 20 世纪 70 年代提出的。他们认为，每个社会情境或人际背景，都有一种合适的行为模式，这种行为模式表达了一种特别适合于该情境的同一性，故称为情境同一性。

心理学家指出，人的交往过程是一个双方互动的过程，这个过程包括交往对象和交往情境。如果在交往过程中我们能进入对方的情绪状态，和他同喜同悲，那么我们就建立起了与对方共鸣的情境，也就能赢得对方的热情回应。心理学认为这种现象是情境同一性原理的妙用。

每个人都喜欢与自己思想有共鸣的人。如果你总是反驳对方："话虽这么说，但是……""可是……""不对……"慢慢地，你的朋友就会疏远你。因此，我们应该学会多给朋友帮助和鼓励，同时，你也会在朋友的帮助和鼓励中达到双方感情上的沟通。要学会先表示自己也有同感，然后鼓励，与他同忧同喜，这样自然就可以顺畅交流了。

吴某以十分认真的语气告诉她的好朋友李某，她没有了活下去的勇气。李某不问她为什么，也不板起脸孔说教一番，而是说："是啊，我曾经也有过同样的想法，记得是那天发生的一件事，使我看到了人为什么要勇敢地活下去……"结果吴某就轻松地谈起了她的烦恼与苦闷。李某边听边点头，表示理解和关心。后来吴某不但勇敢地活下去，并且做出了成绩。她和那位善解人意的李某的友谊也愈来愈深了。

　　人与人之间情感的沟通，是交往得以维持并向更为密切方向发展的重要条件，是人对客观事物所持态度的内心体验。情感沟通由两部分组成：一是"共鸣"，即对同一事物或同类事物具有相仿的态度及相仿的内心体验；二是"振荡"，即由于"共鸣"而双方情绪相互影响，以达到一种比较强烈的程度。前者是找到共同语言；后者是掏出心来，心心相印。

　　所谓"同感"，就是对于对方所述，表示自己有同样的想法和经历。

　　要想达到与人情感沟通，就要注意对方。当对方对某一事物表露出一种情感倾向时，你就要对他所说的这件事表达同样的感受，于是你们就谈到一起了。

　　情感沟通的程度，以每当回忆起这段交往时所导致的兴奋程度为标准。比如，当你读到友人来信中的下面这段话，你俩的感情就绝不会变得冷漠："不知怎的，你在上次谈论中的一举一动、一言一语都给我留下深刻的记忆，竟是那么清晰动人。真的，我很高兴与你一起度过了那个下午……"当对方联想到这段交往时，就伴着愉悦的心境，则这种沟通也就达到了。

无论是谈论一件高兴的事情，还是悲伤的事情，在谈论的同时都会带有自己的感情和体验，这使谈论的内容更容易打动人。倾听也是一样，想想看，对方在谈论一件让自己感到很悲伤、很难以接受的事情，而作为听者的你却是一副兴高采烈的样子，那对方除了认为你在幸灾乐祸外不会想到别的了。所以，我们在听他人说话的时候，不仅要听懂，而且还要学会体验说话者的感受。只有这样，你才能更好地理解对方的意思，如此才能和对方在情感上产生共鸣。

总而言之，在与他人交流的时候我们要努力做到听懂他人在说什么的同时，还要给予他人情感上的共鸣回应。在与人交往的时候，你多付出一分感情，就能多得到一分回报。情感的往返交流是自然的、真诚的，任何矫揉造作或夸张，都不能收到情感交融的效果。因为"同感"不是违心的附和，而是朋友间的理解，是心灵的沟通。

要做到和对方情感共鸣，还需要注意语言策略，要把话说到对方的心窝里。

1. 用情感法向对方传递共鸣情绪

在交谈中顺着对方的情感变化，表现出如赞叹、颂扬、钦佩、遗憾、伤感、悲壮、愤怒、仇恨等强烈情感，从而引起对方的共鸣。例如，当一个人这样说："你不知道那段艰难的日子我是怎么挺过来的，哎，你肯定不能理解的！"这时，听话的人可以先表示遗憾，然后这样说："虽然我没有亲身经历你的那种艰难时刻，但是我多少对你的那段日子是了解的。"听到你这样说，对方就会感到你是理解他的。

2. 用存异法向对方传递共鸣情绪

假如有人对你说这样的话："我很担心我的孩子，他祖父、父亲都很矮，恐怕由于遗传因素他也矮。"这时，你可以用存异法回答她："遗传固然重要，但后天的成长环境更重要，加之现在有优越的生活条件，孩子肯定不会矮。"这样一来你就说出了对方心里所想，巧妙地传达了与对方共鸣的情绪，使其得到了极大的心理满足。

3. 用放大求同法传递共鸣情绪

任何事物只要你把它们放大到一定程度，它们就都在一个空间里了。500年前是一家，这就是放大求同的意思。下面的例子就充分体现了这一点。

甲："你们两个小时候是同学，你读了名牌大学，工资高，而我儿子由于家境困难没能上大学，现在学了点技术，在外给人打工。"

乙："没读大学，只要有一技之长也能很好生活，我读大学花了那么多钱，耽误了几年时间，现在不也是在给别人打工吗？他在技术上比我发展潜力大，工资也会升得快。算起来是差不多的。"

对方听了这样的话心理就会平衡些，和你要说的话也就多了起来。总之，在交谈时，不要只想着自己的观点，要听出对方的潜台词，发掘双方的共同之处，并在共识的基础上继续谈话，才能更好地引起对方的共鸣。

4. 用顺向求同法传递共鸣情绪

甲："我高中时成绩一直很好，但由于高考失利，只考了所普通大学……"

乙："你确实很聪明，失利不等于失败，今后可以用考研来证实自己的能力。"

其实对方的潜台词是"他有能力"，当我们顺着他的意思往下说时，可以快速缩短双方的心理距离，引起心理共鸣。

5. 用提问法向对方传递共鸣情绪

当对方陈述某件事或某种观点后，多问对方一些问题，从而让对方觉得自己很有能力，也是引起共鸣的好方法。

"你的观点很新颖，能说得再详细一些吗？"

"对于你刚提到的……你能不能再解释一下？"

其实，引起心理共鸣的方法还有很多，在与他人交往的过程中，应善于选择最有效的方法，与对方自然地进入情境同一的氛围中。

第二章

一见如故：让对方愿意与你对话

第一句话决定交谈的深度

生活中免不了与人交往，有时候往往第一句话就能决定交谈的深度。一句悦人耳目的开场白，很可能会使谈话双方成为无话不谈的知音；一句不中听的话，很可能会破坏交谈气氛，失去结交朋友的机会。

张某的人际关系就非常好。无论是与陌生人交谈，还是与熟人聊天，他都能营造出非常活跃的谈话气氛，并且在交谈过程中，使双方的感情进一步加深。这就是他获得好人缘的原因所在。

一次，张某参加一个同事的生日聚会，在宴会上遇到了这个同事的老同学王某。他便走上前去，彬彬有礼地说："您好！听说您和今天的寿星是老同学？"王某略带惊讶却高兴地点点头说："您是？""我是他的同事，很高兴能与您相识！今天还真是个好日子，不但能给同事祝寿，而且还结交到一个好朋友，真是很难得。"张某面带微笑地说。王某也高兴地迎合着张某的话题，两人就这样高兴地攀谈起来。生日宴会结束后，两人依依不舍地告别了。

张某与王某之所以能成为好朋友，第一句开场白的作用很大。试想如果张某的第一句话没有引起王某的注意，没有为交谈营造一个良好融洽的气氛，那么二人的结局可能会是另一番景象。

当然，说好第一句话，并不只限于与陌生人的交往中，还可以渗透到朋友、夫妻、亲人的交往之中，这样便可增进友情，巩固爱情，温暖亲情。

丈夫因事外出，不慎将随身携带的3000元钱弄丢了。丈夫心里非常着急，本来家里就不富裕，而且这3000元是妻子辛辛苦苦、奔波忙碌攒下来的。想到这里，他开始不停地责怪自己，不知道该怎么向妻子交代。无奈之下，他只得拨通了家里的电话。电话接通后，他支支吾吾地说："对不起，我……我……不小心……把3000块钱给弄丢了。"

妻子听了以后说："人丢了没有？只要人没有丢就好啊，赶快回家吧……"听完妻子的话，他感动得不知所措，愣愣地站在电话亭旁，过了好一会儿才回过神来。其实，妻子平时非常节俭，丢了钱，她心里一定非常难过，可是她通情达理，知道事情既然已经发生了，再怎么埋怨也没有用。

生活中，无论是亲戚、朋友之间，还是夫妻之间，都会出现这样或那样的矛盾。这些矛盾很多时候都是由第一句话所引起的。由此可见，说好第一句话的重要性。

那么，如何才能把第一句话说好呢？以下几点可供参考：

1. 让第一句话拉近彼此之间的距离

有一次，鲁肃去见诸葛亮，他刚一见面的开场白是："我，子瑜友也。"而子瑜正是诸葛亮的哥哥诸葛瑾，与鲁肃乃是忘年之交。就这样，鲁肃与诸葛亮马上就搭上了关系，拉近了彼此之间的距离。任何人都不可能离开人群不与其他人交往，只要彼此都留意，就不难发现双方潜在的那层"亲戚"关系。譬如：

"你是天津人？我以前在天津上大学。说起来，还真巧呢！天津可真是个不错的地方。"

"您是清华大学毕业的？我也是，咱们还是校友呢！您是哪届的呀？说不定咱们还是同届的呢！"

"您来自皖南，我是在皖北出生的，两地相隔咫尺。在这里居然还能遇到老乡，真是一件令人开心的事情。"

这种初次见面互相攀亲的谈话方式，很容易搭建起陌生人之间谈话的桥梁，使双方在短时间内产生一见如故、相见恨晚的感觉，从而给对方留下良好的第一印象。

2. 用第一句话让人感受到尊重

对陌生人表示尊敬、仰慕，是礼貌的第一表现，也更能拉近彼此之间的距离。但是，采用这种方式必须注意：要掌握好分寸，褒奖适度，不能胡乱吹捧，谈话的内容要因时因地而异。例如：

"我曾拜读过您多部作品，从里面学到的东西颇多，可谓受益匪浅！没想到今天竟能在这里见到您，真是荣幸之至啊！"

"今天是教师节，在这美好的日子里，我真诚地祝您节日快乐、身体健康、桃李满天下。"

"您的家乡桂林是个风景秀丽的地方，不是还有句话说'桂林山水甲天下'吗，我今天非常高兴能认识您这位桂林的朋友。"

3. 在第一句话中就把问候送出去

无论是与陌生人的初次见面，还是与熟人相遇，问候都是少不了的。一见面，最好第一句话就将问候送出去。一般情况下，"您好"是最常见的问候语，但是若能根据交谈对象、时间、场合的不同，而使用不同的问候语，效果就会更好。例如：对德高望重的长辈，应说"您老人家好"，以示敬意；对年龄跟自己相仿者，称"先生（女士）您好"，显得更加亲切；如果对方是医生、教师等，可在"您好"前加上职业称谓；若是节日期间，可以说"节日好""新年好"，给人以祝贺节日之感；也可按照时间分别对待，早晨说"早上好"，中午说"您好"，晚上说"晚上好"，就很得体。

人生无处不相逢。其实与陌生人交谈并不可怕，没有必要过于拘谨，只要主动、热情地与他们聊天，努力寻找双方的共同点，遇到冷场时，能及时找到话题，营造融洽的谈话气氛就可以了。只要学会了这些技巧，就能赢得对方的好感，拉近彼此之间的距离。

总而言之，初次见面，第一句话是非常关键的，好的开场白是让对方敞开心扉的敲门砖，也是使人一见如故的秘诀。

4. 第一句话就使人感受到关爱和包容

生活中，朋友、亲戚、家人之间，时不时会出现一些矛盾，这个时候，能否顺利化解矛盾，第一句话将起着决定性作用。 一句不得体的话，不但会加深彼此之间的矛盾，还可能会伤害到彼此间的感情。 所以，在说话前一定要仔细考虑，说好第一句话，我们不妨在语言里多融入些关爱与包容。 这样，再深的矛盾也可能会因为爱而化解。

让对方乐于跟你交谈

很多人都有这样的疑问，同样是生活在一起的人，为什么有人说的话能得到大家的认同，而有人说的话却总是遭到否定呢？ 其实原因很简单，就是会不会说话的问题。 显而易见，具有高超的说话水平是一个人获得社会认同的最便捷、最有效的手段。 会说话的人往往会拥有良好的人际关系，也更容易得到他人的支持和帮助。

说话是一门艺术，跟不同的人交谈有不同的方法。 要想与他人建立起融洽、友好的关系，就要让自己为谈话的对方所喜欢。 我们都知道，如果一个人不喜欢另一个人，这两个人的谈话就很难顺利地进行下去。 试想，如果一个人连那个人都不喜欢，又怎么会好好听那个人说话呢？ 因此，每个人在谈话的时候都应尽量做到让对方喜欢自己，只有这样对方才乐于跟你交谈，并接受你说的话。

王某经营着一个卖手机的小店，每天都要接待不少的客人。他发现，大家认为最难相处的内向型客人往往是流失最多的客人。因为内向型的人一般都比较敏感，非常在乎别人怎么看待自己、自己会不会说错话，并为之紧张，为之敏感，用冷漠将自己封闭在孤独的小世界里。但是如果你能用真诚打动他，进入他的内心世界，那他可能比那些外向型的人更好做生意。

有一天，一位先生来店里看手机，很多当班的柜台销售员都主动跟他打招呼，热情地询问对方需要什么样的手机。每一次被询问，这位先生都只是说自己随便看看，到每个柜台前都是匆匆地浏览一下就迅速离开了。面对许多销售员的热情询问，这位先生显得有些窘迫，脸涨得通红，转了两圈，觉得没有适合自己的手机，就准备离开了。

这时王某根据经验，判断出该顾客是一个比较内向腼腆的人，并且根据观察，王某断定客户心中肯定已经确定了某一品牌的手机，只是由于款式或者价格等原因，或者是由于被刚才那些销售员的轮番"轰炸"，有些不知所措而一时失去了主意。

于是，王某很友好地把客户请到自己的柜台前，他温和地说："先生，您是不是看上某款手机，但觉得价格方面不是很合适？如果您喜欢，价格可以给您适当的优惠，先到这边来坐吧，这边比较安静，咱再聊聊！"客户果然很顺从，王某请他坐下，与他聊起天来。

王某开始并没有直接销售手机，而是用闲聊的方式说起自己曾经买手机，因为不善言辞而出丑的事。他说自己是个比较内向的人，开店这几年变化挺大。与客户聊了一些这样的话题以后，客户显然对他产生了一定的信任感，于是在不知不觉中主动向王某透露了自己的真实想法。

王某适时地给他推荐了一款适当的机型，并且在价格上也做出了一定的让步，给客户一定的实惠，同时王某还给客户留了自己的电话，保证手机没有质量问题。最后，客户终于放心地购买了自己想要的手机。

可以说，王某是非常有经验的，他通过旁观就对顾客的性格洞若观火。他很明白，内向的顾客并非难以沟通，他们只是不善表达，用冷漠来保护自己脆弱的自尊。他们可能已经看中了某一商品，但却在价格上有些心疼，更害怕别人会说他买不起好货而默默走开。王某用自己充满真诚的话语与顾客交流，让顾客先对自己产生了好感，让他们感觉到善意和安全，进而信任自己，甚至依赖自己。这就是王某取得成功的关键。

朱自清说："人生不外言动，除了动就只有言，所谓人情世故，一半儿是在说话里。"所以交谈是获得对方好感最重要的方式之一。因为一个人说什么、怎么说能体现出这个人的基本素养。很多时候，在交谈中用自己的话，让自己被对方所喜欢，能成为一个人成功路上的敲门砖。

高中毕业生小杜，到深圳后就兴冲冲地抱着简历去参加人才交流会。整个会场人如潮涌，唯有某连锁超市的展台前冷冷清清，与会场的气氛形成了鲜明的对比。

小杜好奇地走过去，看了连锁超市招聘启事上的内容，当即吓了一跳。它招聘20名业务代表，却指明要名校毕业生，并且还得有3年以上从事零售业的工作经验，条件那么苛刻，难怪没有人敢贸然应聘。

小杜揣摩了一番，虽然没一条够得上，可该连锁超市业务代表的工作对她却很具有吸引力。她心一横，决定试一试，真要被拒绝，就当是一次锻炼好了。

小杜径直走到应聘席前坐下，那位中年主管看了她一眼，面无表情地指了指那招聘启事问："看过了吗？"她点点头说："我看过了，不过很遗憾，我既不是名校毕业，也没有从事过零售工作，只有高中学历。"

那位主管看了她好半天，才说："那你还敢来应聘？"

小杜微微一笑："我之所以还敢来应聘，是因为我喜欢这份工作，而且相信自己有能力胜任这份工作。"停了停，她又说，"如果求职者真要具备启事上的所有条件，那他肯定不会应聘业务代表，而至少是公司主管了。"

说完，小杜就把自己的简历递了过去，那位主管竟然没有拒绝，而且微笑着收下了。

第二天，小杜就接到了录用通知电话。后来她才知道，那些苛刻的招聘条件只不过是该连锁超市故意设置的门槛罢了，其实当她和主管谈完话之后，她就已经通过了两项测试：勇于挑战条款的信心和勇气以及分析问题的能力。那位给她面试的主管后来说："虽然不是名校出身，但你的言语之中透露出的自信让我最终选择你，连面试的勇气都没有的话，日后又岂能有勇气去敲一个个商家的大门？"

小杜在自信的状态下说出的话，让招聘主管对她满心的喜欢，进而小杜说的话也容易被主管接受。最后小杜理所当然地成功应聘了。

在与他人的交谈中，让对方喜欢上自己，能有效消除谈话双方的隔膜，让彼此处于更亲近的状态，在这种状态下，两个人的谈话就能更有意义，你也能从对方的话语中得到更多你想要的信息。尽管让对方喜欢自己，能有效保证谈话的顺利进行，但要做到这一点并不容易。要使对方对你产生好感，留下深刻的印象，还必须学会察言观色，了解对方近期内最关心的问题，掌握其心理。要知道，只有把话说到对方的心坎里，才能让对方心生欢喜，喜欢你并乐于接受你说的话。

给对方留下"志趣相投"的印象

一般而言，职场中交谈的话题应该视对方的情形而定，再好的话题，如果不符合对方的胃口，也引不起对方的兴趣。所谈的话题最好是双方都感兴趣的，这样才可以聊得投机，然后再想办法慢慢地把话题引到自己想要谈论的范围内。

相对于不熟悉的同事或上司，很多人总会下意识地存有戒备和避而远之的心理，这样做是没有必要的。为了消除陌生感，就需要对对方的言行进行细微观察，推测出对方的兴趣所在或者引以为豪之处。因为这些话题可以在对方心中引起强烈的共鸣，让他对你产生知音感，然后才会愿意向你倾吐自己内心的声音。话匣子一打开，不熟悉的关系也就逐渐变得熟络了。

假如你参加一个大部分都是陌生人的聚会，这时你的洞察力就派上用场了。先坐在一旁，眼观六路，耳听八方，对场内的每一个人作出一个最初的判断，再确定自己想要接近的对象并且选择恰当的接近方式。

观察之后，就应该主动出击，此刻，寻找正确的话题便成了成功的关键。

如果你不想东谈一点儿西谈一点儿，而是希望抓住一个主题把它谈得尽量详细，那么，你需要提出一个话题作为核心展开。这种交谈能把话题分解出很多细节，然后再将每个细节都扩展开来。

一个刚刚退伍分配到某企业的军人与一个生疏的上司同车出差，两人的位置恰好都在驾驶员后面。汽车开动不久就抛锚了，驾驶员车上车下忙活一通还没有修好。这位上司提议驾驶员把油路再查一遍，结果故障果然出在这里。

这位退伍军人觉得他的这个绝活像是从部队学来的，于是试探地问道："您曾经当过兵吗？"

"是的，当了六七年呢。"

"噢，这样说起来咱俩还应该算是战友呢，您是在哪里当的兵？"

于是这两个原本陌生的人开始攀谈起来。

听说后来他们还成了朋友，而这就是经过细微观察后，发现曾经都当过兵这个相同的经历引发的良好结果。

当然，通过察言观色发现的东西，还要同自己的兴趣爱好相结合，只有自己对此一样感兴趣，打破沉闷的气氛才有可能。不然，即使发现了相似点，也还是无话可讲，或讲一两句就"卡壳"。

俗语有云，"话不投机半句多"。两个陌生人的交谈要建立在相互投缘的基础上，而所谓投缘，常常是由于两人之间有一些相似之处。因此，在职场沟通中，我们需要抓住和陌生人的共同点，表达自己对于偶遇的喜悦，给对方留下"志趣相投"的印象，引导对方冲破陌生的隔膜，进而打开对方的话匣子。

少用"我"字开头，摆脱过度自恋

你是否每三句话就有一句会用"我"来开头？ 你是否认为很少有人能让你崇拜？ 你是否对别人的赞美和吹捧感到越来越喜欢？ 你是否越来越觉得自己是世界上最有魅力的人？ 你是否认为自己没有什么缺点？ 你是否总在用高姿态打量周围的每一个人？ ……

如果是这样，那么你可能是自恋的人。 常言道："每一颗渴望成功的心，必然都需要有坚定的信念。"然而，为什么部分人成功了，而有的人却出局了呢？ 区别也许就在于他是不是很自恋。 自恋的人通常都足够自信，懂得欣赏、肯定和表现自己，但过分自恋的人就会失去这一切。 生活中，自恋情结人人都有一些，但过度的自恋就是不自信。 虽然时刻把"我"挂在嘴上，但内心是极度地对自己没有信心，怕得不到别人的目光，所以才会用这种过度自恋的方式，让别人都把目光投向自己，从而获得别人的关注。

也许从表面上看，这种人处处都为自己考虑，而实际上他们的一切利益都因为自恋而受到了损害。 因为：

自恋是一种对赞美成瘾的症状，为了获得赞美，有的人甚至不顾一切，比如有人冒生命危险而求得"天下谁人不识君"的知名度，这就走向了自恋的另一面——自毁、自虐。

自恋是一种非理性的力量，不受人自身控制，所以就永远不可能获得内心的宁静，永远都会被无形的鞭子抽打，盲目地向前，而没有一个可感可知的现实目标。

自恋的人意识中也知道，总是从别人那里获得赞美是不可能的，所以他会不自觉地限定自己的活动范围，以回避外界一切可能伤及自己这种情结的因素。

　　在与别人的交往中，自恋的人的自私会使他丧失他最看重的东西——来自别人的赞美。这对他来说是毁灭性的打击，从而陷入"追求赞美——失败——更强烈地追求——更大的失败"的恶性循环之中。

　　总而言之，过度自恋对个人的心理健康有危害，还会使自己陷入一个尴尬的境地，人际圈子越来越窄。因此，如果你是过度自恋的人，那么请赶快甩掉"我、我、我"的自恋语吧。否则，这种自恋迟早会让你走入自我封闭的圈子里。

多说"请"字，给他人留下良好印象

在古代，"劳驾""拜托"用来求人办事；向人询问说"请问"；请人协助说"费心"；请人解答说"请教"；求人方便说"借光"；请改文章说"斧正"；求人指点说"赐教"。现在，语言的不断发展，使得有些口头语逐渐从我们的日常生活中淡化，但是古人所留下的绝大多数词语还在被广泛地采用着。

现在，人们需要帮助时，可说："请您帮一下忙好吗""请借借光""请问，怎么去中山纪念堂""请递给我""劳驾，请传过去"……总结一下，"请"字应该是生活中使用频率最高的词汇。

无论在国外还是国内，日常生活中"请"字不绝于耳。在国外，就算是在自己的家中，人们之间也十分客气。小孩从开始学说话起，父母就向其灌输"请"字的重要性。当孩子向父母提出某个要求时，常以"请"字开路。若是忘记说"请"，父母会提示孩子要用"please"（请）。丈夫无论做什么，都得先对妻子说："请允许我这样做。"妻子会回答说："请你自便。"

在国内，人们也常"请"字当先。在拥挤的车厢里要借过时，要说"请让一下"；当坐汽车感到十分闷热时，要说"请把窗户开一下"；用点心或茶水待客时，要说"请慢用"；当餐桌上酒菜准备好后，主人也应招呼客人："请大家慢用。"

日常生活是这样，出门在外更要这样。你可能会发现，当你乘火车出出站口时，乘务员会对你说："请出示您的车票。"过海关时，相关人员会提示："请出示您的护照。"在饭店，服务员常对你说"请稍等""请慢用"，在顾客消费完时他们也会说："请走好，欢迎再次光临。"

这些话中的"请"字不是多余的，多含有谦虚、对对方的尊重或使语气委婉的意味。万一需要使用祈使句时，加上一个"请"字，口气也会显得缓和许多，显得有礼貌、不生硬，有很好的语气调节作用。

为此，要有意识地在交谈中多使用"请"字，这是文明人应当具备的基本素养，也是一种尊重他人的基本方式。不管什么时间和地点、什么人和事，只要你需要别人帮忙时，就必须先说"请"。多说"请"，不仅代表了个人的内在修养，也是对别人尊重的体现。多用礼貌用语，不仅有利于营造融洽的氛围，而且还利于交际的进行。可以说"请"字是一种人际关系的润滑剂。只要你的言谈举止彬彬有礼，你良好的个人修养就会给别人留下深刻的印象。

笑容是缓解气氛的终极技巧

曾任北大校长的许智宏说过一句话："希望你们学会微笑，微笑着面对生活中的困难，微笑着迎接世界对中国有时是挑剔的目光。"这是一种生活态度。事实上，笑容是一种良性的脸部表情，反映出一个人的内心世界，是自信的标志、礼貌的象征、涵养的外化、情感的体现。在交流的时候面带笑容，不仅可以给人性格开朗与温和的印象，还能够营造融洽气氛，消除对方的抵触情绪。笑是人类宝贵的财富，也是礼貌的象征，它具有震撼人心的力量，可以在瞬间助你打开对方的心扉。

有谚语说："一家无笑脸，不要忙开店。"人际交往中，笑容具有如此大的作用，尤其在服务行业，笑容的作用更被夸张到了极致。"钢铁大王"安德鲁·卡耐基的高级助理查尔斯·史考伯这样形容卡耐基的笑容："卡耐基的笑容值 100 万美元。那种动人的笑，在人际交往中，具有极其强大的影响力。"相关人士认为，"微笑服务"能使顾客盈门、生意兴隆，而事实确实证明了这一点。

"服务员！你过来！你过来！"顾客高声喊，指着面前的杯子，满脸寒霜地说，"看看！你们的牛奶是坏的，把我一杯红茶都糟蹋了！"

"真对不起！"服务员赔不是地微笑道，"我立刻给您换一杯。"新红茶很快就准备好了，跟前一杯一样，放着新鲜的柠檬和牛乳。服务员轻轻把红茶放在顾客面前，又轻声地说："我是不是能建议您，如果放柠檬，就不要加牛奶，因为有时候柠檬酸会造成牛奶结块。"

她的嘴角自始至终都挂着微笑。

顾客的脸一下子红了，匆匆喝完茶离开了。

有人笑问服务员："明明是他土，你为什么不直说呢？他那么粗鲁地叫你，你为什么不给他点颜色？"

"正因为他粗鲁，所以我要用微笑对待；正因为道理一说就明白，所以用不着大声！"服务员说，"理不直的人，常用气壮来压人；理直的人，要用微笑来交朋友！"

大家都点头笑了，对这家餐馆增加了许多好感。往后的日子，这家店总是顾客盈门，顾客们每次见到这位服务员，都会想起她"理直微笑"的理论，他们也用眼睛证明，她的话多么正确——他们常看到，那位曾经粗鲁的客人，和颜悦色、轻声细语地与服务员寒暄。

上面的故事中，服务员在说话的时候总是面带笑容，而正是她的笑容缓解了顾客的愤怒，也使可能发生的冲突得到了化解。由此可见，笑容有着特殊的魅力。在说话的时候面带笑容，还可以缓解沟通中的紧张气氛，避免许多不必要的冲突。

某日，从上海飞往广州的班机上有两位金发女郎，长得很漂亮，可是一上飞机，她们的态度就极不友好，对飞机百般挑剔，说什么机舱里有怪味、香水不够档次、座位太脏，甚至还用英语说粗话。尽管如此，空姐还是面带微笑地为她们提供周到的服务。

飞机起飞后，空姐开始为乘客送饮料、点心。两位女郎点了可口可乐，没想到还没喝，两位就开始抱怨开了，说可口可乐味道有问题。几句话没说完，其中一位越说火气越大，竟将可口可乐泼到空姐的身上，溅得空姐满身满脸都是。空姐强忍着愤怒，最后还是面带笑容地将可口可乐的瓶子递给金发女郎看，并说道："小姐，你说得很对，这可口可乐可能是有问题。可是这可口可乐是贵国的原装产品，也许贵国这家公司的可口可乐都是有问题的，我很乐意效劳，将这瓶饮料连同你们的芳名及在贵国的地址一起寄到这家公司。我想他们肯定会登门道歉并将此事在贵国的报纸上大加渲染的。"

两位金发女郎目瞪口呆了。她们知道这事闹大了，说不定回国后这家公司会去法庭，告她们诋毁公司名誉。在一阵沉默之后，她们只好赔礼道歉，说自己太苛刻、太过分，并夸奖中国空姐的微笑是世界一流、无可挑剔的。

面对两位金发女郎的无礼刁难和莫名怒火，这位空姐始终保持着优雅的微笑和得体的语言，并在一番笑声中点中了对方的要害之处，让对方不得不停下自己的无礼言行。 这告诉我们，面对他人的怒气，在说话的时候保持笑容永远是缓解紧张气氛最温和并且也是最有力的武器。

笑容可以以柔克刚，以静制动，沟通情感，融洽气氛，缓解矛盾，消融"坚冰"，为好口才表达的成功打下良好的基础。 笑能在人与人之间建立好感，它是疲倦者的休息室、沮丧者的兴奋剂、悲哀者的阳光。 所以，假如你想要获得别人的欢迎，请给人以真心的笑。 笑是人们对美好事物表达情感的心灵外露。

一次，李先生和朋友搭出租车去一个不大熟悉的地方。一路上，他们和司机有说有笑。但不知为什么，开出不久就连续遇到五六个红灯。眼看快到路口了，又碰到一个红灯。朋友随口嘟囔着："真倒霉！一路都碰到红灯，就差那么一步。"听到朋友的话后，司机转过头，露出一个很豁达的笑容："不倒霉！世界很公平，等绿灯亮时，我们总是第一个走！"

故事中的这位司机在面对因为一直遇到红灯而焦躁不安的乘客时，一直面带笑容地跟他们说话，乘客的急躁也在司机的笑容中得到了缓解。 司机的笑容和话语虽然简单但却道出了笑的真谛：快乐其实很简单，快乐就产生于我们看待同一件事情的不同角度中。 学会以笑待人，我们将会在充满美好的世界中，遇见心想事成的自己。

笑容是一种修养，是一种风度，是一种气质，是一种奉献，是真情实意的流露，是文明进步的标志。 在和他人交流的时候面带笑容是一种智慧的表现。 因为你的笑容不费分文，但它却能给予你极大的帮助——处在紧张或尴尬气氛中的人，如果能够在说话甚至争执的时候面带笑容，那么紧张的气氛就可能得到缓解。 因为笑容可以净化心灵，传达关爱和善意。

真诚而热情的笑容，是人格成熟的象征，是力量的流溢，是精神的表露，是智慧的外化。有笑容的人生，是乐观的人生，是顽强战胜一切艰难困苦和疾病的人生。生活中离不开笑容，人与人的交流中更不能没有笑容。一个热爱生活、身心健康、充满自信的人，不应当缺少笑容。笑容是一种与生俱来的能力，不需要任何刻意的做作。发自内心的微笑是人们美好心灵的外现，是一个人的涵养，是心地善良、待人友好的表露，也是一个人有文化、有风度的具体体现。一个人想要具备好的口才，首先就应学会在说话的时候面带笑容，尤其是做说服人的工作，要参加辩论和谈判，首先要打动他人的心；而动人心者莫先乎情，表情中最能赢得人心的是微笑。恰当的微笑，会让你的气场不断扩大，会更加轻易地让他人接受你、喜欢你。

第三章

洞察心理：把握对方内心，有利顺畅沟通

言语风格显现个人性格

　　鉴定一个人品行的重要依据是此人平时说话的风格。 因为人的思想及情感都是通过语言表达出来的。 同时，语言上的风格也会显示在个人品格修养上，一个人的品格修养会在其或俗或雅的语言风格中不经意地流露出来。

　　1. 幽默风趣型

　　说话风趣幽默的这类人，拥有丰富的想象力和创造力，而且看重自由自在的生活，崇尚快乐自由的个性。 在很多场合中，适当的玩笑可以缓解压力，活跃现场气氛。 因此，他们经常运用幽默来改变紧张的氛围，从而成为备受大家瞩目之人。他们总是顽皮、爱开玩笑的一类人，他们已发觉幽默在生活中的力量，并且希望把这股力量带给真正需要它的人，同时也使自己的生活充满欢乐。

　　2. 旁征博引型

　　这类人拥有广阔的知识面，随意漫谈也能旁征博引，从古到今、天文地理都能指点一二，显得无所不通、学问高深。 然而由于脑子中有太多东西存在，导致系统性差，从而往往是知其然而不知其所以然，思想和深度都不够，评说问题就像蜻蜓点水，不得要领。 他们做某件事情时，可以提出几十个方案，但可能都说不到问题的关键所在。 所以，他们如果能增强分析问题的能力，做到驳杂而精深，把握实质，他们就会成为优秀的全才。 否则，就会变成看似懂得一切、实际什么也不懂的一类人。

3. 高谈阔论型

这类人通常认为办大事者应不拘小节，因此常常忽视细节，琐屑小事从不挂在心上。 他们考虑问题时宏博广远，善于把握全局。 他们的思想富于创见性和启迪性，即使不是"绝后"的，也往往有"空前"的意味。 不足的就是理论没有条理，论述问题不够系统，也不能细致深入。 由于不拘小节造成的过失，很可能会给后面的事情埋下隐患。 所以，"千里之堤，溃于蚁穴"是他们最应该明白的道理。

4. 锋锐犀利型

这类人的言辞犀利，善于攻击对方弱点，不给对方丝毫回旋的机会。 他们往往能够抓住问题的要害，而且一步到位，常用问题专家的眼光去看待对方。 所以，他们有可能会从整体上忽略问题的实质，而舍本逐末甚至断章取义。

5. 自我嘲讽型

这类人的心胸较为开阔，喜欢自嘲，这也可能是他们维持平安幸福的秘诀之一。 自嘲是改掉自身缺点的方法之一。 先别人一步嘲讽自己，无形中排除了外来的某些可能的诽谤，博得他人的同情或怜爱。 事实上，这也是他们自我保护的一种方式。

6. 挖苦损人型

这类人大都是文学爱好者，总爱话中有话。 在许多方面，他们和自嘲型的人有着同样的心理，不过他们往往是指桑骂槐，更为隐蔽。 他们的理念是先下手为强，不过，他们的矛头是指向那些令自己紧张和恐惧的人与事。 要是他们觉得不如意，就开始嘲弄别人的成就，他们的挖苦和嘲笑就像一剂毒药，令人痛不欲生。 其实，这也从中反映了他们的消极思想，以及对自我的否定。 通过对比，他们希望抬高自己否定他人。但事与愿违，无论他们多么擅长挖苦，多么精于刻薄，却永远无法将自己放开。

7. 辛辣讽刺型

这类人的知识丰富、言辞刻薄而尖酸，对人情事理理解得深刻而透彻。 他们天生懂得嘲弄而且对生活的观察十分细致，视角独特。 他们有能力把弥漫在社会和生活中的弊端活灵活现地表现出来。 但更重要的是，这么做是他们内心深处道德愤慨的表现。 作为一个理想主义者，他们宁愿通过夸大和讽刺为改变而战，也不愿闷着怨天尤人。 通常这类人接受新生事物的反应和能力都极佳。 针对他人的能力，他们往往都能居高临下，做一个批判者。

8. 添油加醋型

这类人能够很快接受新生事物，就像要给生活增加作料一样，捡到新鲜言辞就能在日常生活中运用。 因此，他们总是跃跃欲试、不吐不快，把捡到的精彩话语，很快地加以模拟应用，并推陈出新。 他们的缺点是不能对这些言论进行更深

的研究，遇到问题时也缺乏主见，不能独立解决困难，性格
软弱。

9. 标新立异型

这类人往往思维独立，有强烈的好奇心，对于普遍的说法
常持否定的态度。他们"标新"是为了"立异"，做事常常独
出心裁。他们很容易接受新生事物，敢于向权威与传统挑战。
他们的优点是不被礼法束缚，精于谋略，有很强的开拓性；缺
点是不能冷静思考，容易偏激，因而不被世人理解，往往孤立
无援，最终毁于一旦。他们可以利用奇思妙想做一些有开创性
的事。

10. 哗众取宠型

这类人喜欢模仿古怪的动作，到处扮小丑，哗众取宠、引
人注目是他们行为的原始动机。他们也十分善解人意，懂得体
贴与关怀他人，也比较会享受生活。

11. 温柔平顺型

这类人的性格温顺，不争强好胜，权力欲淡，与世无争，
万事讲究以"和"为贵。其优点是为人处世讲求平和顺畅，易
与人相处；其缺点是意志薄弱、胆小怕事、原则性欠缺、常常
屈从于权威等，遇事往往选择逃避。这类人如能磨练胆气、迎
难而上，就会成为一个外显宽厚、内存坚毅的刚柔并济之人。

12. 从容平和型

这类人的性格大多优雅平和，为人宽厚仁慈，说话做事不

仅严谨而且从容不迫，绝不会轻易得罪某个人。 他们为人处世豁达、周密细致、有规范，反应敏捷果断，属于细心思考型，但也有传统和保守的一面。 如果他们能对新生事物持公正、包容，而非偏见、排斥的态度，就会变得更加从容不迫，拥有长者的风范。

话题暴露他人真意

平常在与人交流时，语言是最重要的方式。如果想要把某件事情阐述清楚，那么就得围绕着这件事情展开，这就是所谓的话题。

在与人交谈时，有些人经常谈论自己，包括曾经的经历，自我的个性，对外界事物的看法、态度和意见等。这类人的性格比较外向，感情鲜明且强烈，主观意识较浓厚，爱表现和公开自己，但虚荣心也强，他们渴望自己能够成为众人的焦点。

不论谈论什么话题，都会不由自主地把金钱扯入话题之人，往往缺乏梦想。而这个缺乏梦想的缺点，极有可能影响其人格。他们太过于倾向现实主义，只知道赚大钱是自己人生唯一的梦想，却忽视了人生中的其他东西。他们心中潜伏着强烈的不安全感，并试图用金钱去驱走这种感觉，却往往不能如愿，反而使自己变得更加空虚。

在交谈时满腹牢骚、抱怨一切，多属于好完美的一类人。他们自信，凡事要求高水平，并时时在脑海中描绘完美的蓝图，由于达不到理想便开始发牢骚。他们成天沉迷于虚幻的世界中，对现实世界中的问题则以回避的态度漠视。

生活中有些人极想要探听他人的情况，就不停地打听他人的消息，这是有意了解他人的缺点、期待能进一步控制他人的意思。他们对他人的消息、传闻极其感兴趣，这类人在现实生活中很难获得真正的友谊，所以他们内心极其孤独。

有些人不在乎别人的谈话，而喜欢扯出与主题毫不相干的话题，这类人的支配欲和自我表现欲都极强。

　　极爱畅想将来的人也是爱幻想的人。这类人有的能将幻想付诸行动，有的却不能。前者看重计划和发展，脚踏实地地去做，很可能会取得一番成就；后者只是停留在口头上，最终多会一事无成。

口头禅透露真实性格

在日常生活中，每个人都有属于自己的口头禅，就像每个人都有习惯性的动作一样。这种习惯性动作或语言很难被自己察觉，但别人却会清晰地感觉到。从心理学角度来讲，口头禅是人内心中对事物的一种看法，是外界的信息在内心的加工，并形成的一种固定的语言反应模式，因此只要有这样的情况发生，它就会脱口而出。

小张在公司是个极受欢迎的人。他为人活泼，左右逢源，大家也都愿意和他聊天，因为他的那句挂在嘴边的"还不错嘛"的口头禅，在节奏紧张的职场中有缓解压力的作用。

有一天，同事小刘气喘吁吁地冲进办公室，丢下包就坐了下来，拿着手中的考勤卡边扇风边抱怨："没见过这么倒霉的司机，今天我还比平时提前五分钟出门，结果那个'面瓜'司机，赶上了所有的红灯，害得我下车一阵猛跑，正好赶上 8 点 58 分打的卡，多悬啊！""还不错嘛！"小张的口头禅又冒了出来，"还不错，没迟到，那位司机特地为你算好了时间呢，不是还有两分钟的富余吗！"几句话说得小刘笑了起来："嗯，就当跑步减肥了。"

小张每天要把"还不错嘛"的口头禅说上几遍，遇到高兴的事，无疑是锦上添花。遇到烦心的事，小张的口头禅，外加他那宽容、乐观的劝解，无疑又是雪中送炭。因此，小张被公认为是大家的开心果！

下面让我们对一些常见的口头禅进行分析，看看他人内心真实的想法。

1. 不

一般来说，女性心里是同意的，但是嘴上却常常说"不"。很喜欢说"不"的女性往往女人味十足，说"不"是女性温柔的表现，她们的内心其实很温柔。她们对恋人或丈夫正如这样，嘴巴上经常说的一句话就是"懒得管他"，事实却是很想管他。

2. 是啊

"是啊"常被用在赞同对方所说之话时，如果说的同时还伴着深深地点头，就是真心赞同。否则，就只是一个姿态。重复两次以上的话，可能只是在敷衍对方，其实根本没有听进去。

3. 对啊

日常生活中，大家都喜欢别人按着自己的意思行事。所以，就有这样一类人，他们嘴边挂着"对啊"，表面一团和气，人际关系也相当融洽。

4. 就算是……差不多

这是某些年轻人常说的话，当他们失败后，又不想受到责备时，就用这种话推脱、搪塞。

5. 反正

这是一种悲观失望、消极被动的表现，"反正我不行"，"干了也没有用"，总是用否定的语气，在还没有行动前就开始放弃和绝望了。

6. 可能是吧，或许是吧，大概是吧

总是把这样的口头禅挂在嘴边的人都具有很强的自我防卫意识，不会完全表露出内心的想法。在处事待人方面很冷静，所以工作和人事关系处理得都很好。此类口头禅代表着以退为进，事情一旦明朗，他们会说"我早估计到了这一点"。从事政治的人常会如此说，这类口头禅是他们内心的外在表现。

7. 说真的、老实说、的确、不瞒你

这类人总是担心会被别人误解，因此性格有些急躁，内心多有愤慨。他们过分看重别人如何评价自己所陈述的事情，所以对事情的真实性再三加以强调，自己在团体中被认可是他们很看重的事情。此外，得到很多朋友的信赖也是他们所期望的。

8. 应该、必须、肯定会、一定要

往往自信心极强的人常如此说，他们为人冷静，做事情显得很理智，对能说服别人显得非常自信，令别人信服。另一方面，说了太多的"应该"，其动摇的心理反而显露出来。多数情况下，在领导岗位上待很长时间的人经常会说这样的话。

9. 听说、据说

用此类口头禅的原因是为自己留余地，他们的见识虽广，却缺乏判断力。很多处事圆滑的人，大都会这样说。在办事过程中，他们会随时为自己留下台阶，有时也会因为内心矛盾感到很纠结。

10. 此外、还有

爱说"还有""此外"之类的口头禅，不停地转换话题的人多为有很强好奇心的人，喜欢插手各种各样的事情，不会为一件事所局限。他们有敏捷的思维、灵活的头脑，但容易厌倦，长时间集中精力对他们来讲相当困难，做事不能持久。另一方面，因为脑子转动得特别快，所以总是能冒出有创意的点子，敢想敢做。

11. 可是、不过

这类人具有很强的思考能力，正所谓"能言善辩""头脑敏锐"。但这类人大多都很任性，总是找一个"可是"的借口来为自己辩解。"不过"展现了它的温和，显得委婉，不带断然的意味，以便保护自己。一般从事公共关系工作的人常带这个口头禅，因为其意味委婉，让人不免感觉冷淡。

12. 所以、因此说

"所以并非如此""因此，我想说的是……"通常，这是在表达反对意见时讲的。这类人具有很强的支配欲，以聪明人自居，总是把自己的观点强加到别人身上。

13. 虽然这样

这类人虽然在表面上给人以先肯定别人再反驳的印象，但却把自己想扰乱别人的思绪的想法暗含于言语之中，从而达成自己的意图。

14. 一句话

完美主义者、好说教的人常常会这样讲。 另外，如果不断重复结论，不是过分执着，就是代表不信任对方，总是担心没有正确传达出自己的意图，所以变得爱唠叨，不放心把工作交给别人，大事小事都要亲自做，说话啰唆。

15. 啊、哦、这个、那个、嗯

常用这些词的人一般都是不善言辞和反应慢的人。 他们并不能有规律地说话，因此利用间歇的方法去交谈，从而形成了带有一定特色口头禅的说话方式。 常把这类口头禅挂在嘴边的人，反应往往比较迟钝或是很有城府，自然也会有很骄傲的。

16. 我明白

孔子的弟子颜回能"闻一而知十"，称得上是罕见的智者。 这类人很聪明，又反应超快，他们只要听完对方的第一句话，就明白下一句是什么。 普通人都是"闻一知一"的，如果你谈话的对象表现出不耐烦，就表示他不愿再听下去，只是无法表达明确的拒绝。

17. 所以我不是说过了吗

这句话的意思是："如果你把我的提醒当一回事，就不会有这样的结果。"把这样的话作为口头禅的人总是执着于同一想法或同一件事，诚实、有责任感，从而备受信赖。 但他们的性格一般比较顽固，说话唠叨，欠缺变通。 把"所以我不是说过了吗"常挂在嘴边的人，会给人留下强加于人和施恩图报的印象。

18. 我只对你说过

生活中，有些人常会说："你千万可别和别人说，这话我只对你说过。"其实同样的口气同样的话他们也可能对别人说过。 换言之，这类人的潜意识中存在着泄漏秘密的冲动。 这表明他们觉得独自承受秘密不妥，因此想要泄露给他人来减轻负担。 此外，他们具有一种向别人炫耀和希望了解他人隐私的心理倾向。

19. 走自己的路，让别人说去吧

表面上，这类人不在乎别人的看法，甚至从来是独来独往的。 实际上，他们只是把自己藏得很深，没有表露自己的真实想法。 他们的话并非是讲给别人听的，而是讲给自己听的。他们把愤怒、憎恶、敌对等情绪隐藏在内心深处，害怕别人发现，因而为之掩饰，不断地说"让别人说去吧"之类的话。

20. 大量使用专业词汇、高难度词汇

专业词汇、高难度词汇看似常会被那些有教养、有智慧、自信的人挂在嘴边。 事实却正好相反，这正是不自信的人常会有的情况。 这类人不愿意让人察觉出他们不自信，所以故意使用高深的词汇，强烈希望给人留下知识分子的印象。 可以说，

这类人都是有强烈自卑感的人。 专门引用专业书籍内容的人，其实并没有自己的独到见解。 事实上，他们只是在用语言遮盖自己的弱点。 他们这样做是为了加强自己说话的分量，同时显示自己的见多识广，以提高身份地位和增强自己的影响力。

21. 只谈自己的事

无论什么话题，老是提到"我""我家"的人爱显摆，自我意识过强，爱慕虚荣。 如果自己不是话题中心人物就非常不甘心，总是想要突出自己的存在。

22. 自吹自捧

不管话题会不会跑偏，从始至终常自我吹嘘的这类人，其实也缺乏自信，自吹自捧可以看作是自卑感和欲求不满之下物极必反的结果。

通过语气了解性格特点

无论你在什么地方说什么话，都要运用相应的语气，控制好心情，这样才能处理好各种关系。语言的表达和语气密切相关，语气通过语言表达出来，而语气比语言更带有个人感情色彩。一个人的心态和精神状况，对语气所表达的感情色彩浓淡有直接影响。谈话者会下意识地通过对发音器官的控制和使用，使语气有所不同。所以，人们下意识体现出来的语气能透视出一个人的性格特点和内心想法。

1. 高声大气者

他们的性格通常都比较粗犷和豪爽，脾气暴躁易怒，为人耿直、真诚、热情，说话直言不讳，有什么就说什么，从来不会拐弯抹角。这一类型的人多容不得自己受一点点委屈，他们会据理力争，直待真相大白。他们有时会在紧急情况下充当先锋，起到召唤、鼓动的作用，但有时候也会在不知不觉中被人利用。

2. 坚强刚毅者

这类人多坚持固有原则，秉持公正，是非分明。可因为过于有原则性让人觉得没有商量的余地，而显得不善变通、太过执拗。不过，他们还是会因秉持公正而得到别人的尊敬。他们在谈论他人的价值时，不会掺杂进自己的个人恩怨，能够做到公正无私。

3. 严厉尖锐者

这类人讲话犀利，善于争辩。谈话时，他们一旦抓住对方讲话的"小辫子"就会不留情面地攻击，让对方哑口无言。但因为过于着急地想找出对方弱点，他们往往会忽略从总体上把握问题的关键，从而因小失大。

4. 深沉凝重者

这类人才华横溢、言辞隽永，对人情世故有深刻而准确的理解，具有很强的责任意识，比较可靠。但因为复杂的人际关系，这类人常不会受到重用，抱负难以施展。

5. 柔声和气者

此类型的男性大多忠实厚道、胸怀宽广，有一定的忍耐力，能够广泛听取他人的意见和建议，但同时又有自己独到的见解。他们具有同情心，常关心和谅解他人。而此类型的女性大多比较温柔善良、善解人意，但有时候因多愁善感而会被看成软弱的代表。

6. 温顺平畅者

这类人语速平缓，性格温顺，与世无争，人缘较好。但由于天性温和软弱，而使自己长期处于胆小怕事的境地，喜欢躲避外界的事物。如果他们能遇上一个肯提携自己的人，在背后推他们一把，教导他们变得更加勇敢，那么他们就会变得刚柔并济，会有一番惊天动地的成就。

7. 轻声细气者

这类人为人处世较小心谨慎，他们具备较高的文化修养，谈吐优雅，而且总是给人以谦逊的感觉。一般情况下，他们对他人都很尊重，所以反过来他们也会得到他人的尊重。他们很大度，从不刻意地为难、责怪他人，而喜欢尝试各种途径，不断地缩短自己与他人之间的距离，以防止一些不必要的麻烦产生。

此外，说话语气平稳的，是性格正直的人；说话有气无力、含糊不清，是内向胆小的人；说话语气抑扬顿挫，像唱歌一样，是幻想家；说话语气很冲，声音很大，是任性的人；语气低沉，说话时从牙缝深处出声，是疑心重的人；语气音色没有规律，是性格轻率的人。

谈话特征告诉你对方心理

大多数情况下，一个人的谈话特征是这个人本性的反映。因此，那些高明的人能够根据谈话特征知道对方的心理。

1. 出口没有多余的话

这类人虽然句句出口成章，但句句无赘词，交谈中总占据话题中心。这种人并不多见，他们不会胡乱批评别人，出口的废话很少。通常情况下，这类人头脑灵活，具有较强的工作能力。

2. 喜欢边说边笑的人

喜欢边说边笑的这类人大多性格开朗大方，对生活并没有苛刻的要求，知足常乐。他们也极有人情味，有极好的人缘，这是他们开拓自己的事业具有的极好条件。可惜这类人大多喜好平静的生活，缺少积极向上的精神，否则他们可以得到更多的东西。感情专一是他们的另一特点，非常珍惜爱情和婚姻。

3. 谈话不正视别人

这类人与别人相对而坐时，不看着对方的眼睛，低着头听对方讲，偶尔抬起眼睛看一下对方，但是很快又低下了头。他们一般比较胆小，做事缺少魄力。他们还有一个明显的特征，那就是意志不坚定，容易随波逐流。

4. 频繁转移视线

这类人与别人交谈时，表面上看起来不重视对方，其实在暗暗地观察对方，盘算如何还击。假设这种移开视线的动作是在交谈的过程中发生的，那就表示听者觉得疲惫，不想继续听下去。如若遇到这种情况，你应趁早终止谈话，改时间再聊。双方在交谈时，视线难免会相遇，如果对方在此时急忙移开视线，那就该作下面的判断：听者有难言之隐，或是有意隐瞒什么；急急避开视线，表示害怕你察觉到他的心事；或者是听者的性格懦弱，不敢直视对方等。当双方的视线相碰的时候，勇敢直视对方的人大多是刚强正直的人，以诚待人，不会耍弄诡计。

5. 说话时一直盯着对方

这类人有较强的支配欲望，而多数情况下他们确实有自己的优势。因此，只要有机会，他们便会向别人展示自己。通常这类人具有良好的人际关系，而且只要定下目标就一定会努力去完成它。

6. 说话时喜欢摸鼻子

这种做法很常见，可能是由捂嘴巴的动作转变而来。有些人会无意识地轻轻刮一下鼻子下方，也有些人用非常不明显的动作快速地碰一下鼻子。有这类动作的人通常是为了掩饰内心的慌乱，或是想要转移对方的注意力。

7. 谈话时情绪低落、身体疲惫、精神萎靡不振

一看就知道面色不好，说起话来唉声叹气，好像世界末日

一样，没有希望。 这类人的外在特点是：沮丧疲累、精神不振。 有这种表现的人，可能对自己早就失去了信心。 这类人常常是自寻苦恼，常为一些烦琐的小事而忧心忡忡。 并且由于对自己失去了信心，并缺乏理智的判断力，工作生活一团糟。

8.频繁眨眼

交谈中不断地眨眼，一般都是有同情心的人，能认真听别人说话，尽其所能地去帮助别人。 如果在谈话中，眼珠滴溜溜地转动不停且成为一种习惯，那么这类人就不能够集中精神听讲，而且他们的心情明暗不定，听不出对方话中的意思。 如果在交谈的时候，目不转睛地盯住对方，那么这类人是想让他的主张和意见得到对方的赞同，而且对自己信心十足，对所谈之事寄予厚望。

9.说话时腿脚晃动的人

有些人总喜欢用腿或者脚尖让整个腿部颤动起来，有时候还用脚尖磕打脚尖或者以脚掌去拍打地面，但习惯者总是不以为意。 这类人最明显的表现是自私，很少为他人着想，凡事从利己出发。

10.自己暴露优点和缺点

一般人都不会暴露自己的优点和缺点，并唠叨个不停。 可是，世上就有冲着别人猛说自己长短的人。 从心理学上来讲，诚实的人大多不会动不动就掀开自己的"底牌"，让别人瞧个够。 而轻易地就把自己的长处和短处公之于众，这是一般人都不屑做的事。 这类人做事向来没有原则，很容易见异思迁。

11. 下巴朝上

一般人谈话时极少"下巴朝上"，因为这个动作带有侮蔑、轻视人的意思。 下巴缩紧，给人的印象是坚毅不屈。 交谈中下巴经常朝上，就表明有以下的可能性：情绪不宁，没有定力，是有意表示自己和对方处于平等的地位；全然瞧不起对方，这类人能力一般；如果有时会有这样的动作，可以称为"热衷于交谈"。

12. 到处炫耀

只是完成了一件小事，他们却以为功劳奇大，逢人便说；或是以此来压人，摆出不可一世的傲态——这类人喜欢被人奉承，难以成大器。

用打招呼时的特征分析他人心理

如果你在大街上走着，忽然看到前方出现一位自己的老熟人，你接下来会做什么？ 你是上前和他打招呼，还是避开他，换一条道走开？

其实，生活中与人交往，打招呼给人留下的印象，直接影响他人对你的评判。 有时候，即使是看上去很简单的打招呼，也是我们了解别人内心的大好时机。

1. 见面握手时体现的心理特征

用力与对方握手的这类人，比较自信开朗。 握手的时候，无力地握住对方的手，表示此人有气无力，性格比较软弱。 无论是在舞会还是别的公共场合，频频与生人握手打招呼者，有非常强的自我表现欲。 握手的时候，掌心出汗的人，大多数是因为情绪激动。 握手的时候，如果视线一直不离开对方，其目的是要使对方心里有挫败感。

2. 和对方面对面也总是不打招呼的人

面对面也不打招呼的人，如果面对的是同学或同事，他们仍不打招呼问好，说明他们非常孤僻，而且极为清高。 这类人在工作与学习当中经常是孤军奋战，虽然勤奋，可往往收到的效果并不是很好。 还有一种情况是他们非常繁忙，连走路也在思考。 有时候遇到熟人，仓促间忘记对方的名字了，也只好把头一低继续赶路。

3. 总是转移视线的人

这类人胆小怕事，害怕见到陌生人和进入陌生的环境，且很自卑，为人处世不自信，优柔寡断。 他们喜欢轻松、诙谐的打招呼方式，这样能使恐惧、紧张和防备的心理消失。

4 喜欢直视对方的人

直视对方的人在与人相处时常带有攻击的动力，想通过打招呼来探对方虚实，并暗自思量如何让对方甘拜下风，使自己的气势胜过对方，同时，也表示对别人有戒心和防卫之心。 与这类人打交道要讲究策略，首先要把自己保护好，不轻易暴露自己的劣势，否则将被对方看轻，随后，伺机而动。

5. 女孩喜欢放"烟雾弹"

有些女孩子对异性产生好感的时候，常不会直视对方，即使与对方撞在一起，她们也会迅速转移自己的视线。 其实她们只是放了一种烟雾弹，是在用反其道而行之的方法。

6. 喜欢后退的人

打招呼时，会故意向后退步的人，或许自以为是礼貌或是谦让。 但别人却会认为他们是有意拒绝自己，刻意保持距离。之所以出现有意识地后退的现象，也许是由于他们的防卫和警戒心理，与人相处的顾忌、恐惧等。 或者想通过这种让步空间的方式表达谦虚，进而促进或加深交往关系。

7. 喜欢另辟蹊径的人

这类人遇见熟人，不但不上前去打招呼，反而向左或向右走去，甚至转身往回走。 出现这种情况可能是因为心虚，他们可能有事瞒着对方。 还有一种原因是那个熟人令他厌恶透顶，一点也不想搭理对方，甚至对方从旁经过也如此。

网聊小细节，揭示潜在本性

当今社会，网络聊天成了大众交流沟通的重要方式。虽然相互间看不到对方、听不见声音，然而网络语言的独特魅力却依然能将人们种种曲折的深层心理不知不觉地挖掘出来。在网上聊天的人虽然形形色色，但只要我们善于运用恰当方式加以揣摩，就能把网络的帘幕拉开，也就会清楚地了解对方的性格、气质和想法等。

对常见语气词的分析：

1. 呵呵

一般温和、成熟的人会这样笑，当他们赞许或无法回答你的时候就常用"呵呵"来回应。

2. 哈

喜欢用"哈"的是聪明、冷漠型的人。这种笑的拟声词表达中立的意思。

3. 哈哈

这样笑的人大多性格开朗、豪爽。

4. 哈哈哈哈

这类人豪爽、乐观，和这类人相处会很愉快。但有时连用"哈"也表示恶作剧成功后的开怀大笑。

5. 嘻嘻

喜欢用这种拟声词的人俏皮活泼、古灵精怪，常以捉弄人为乐。

6. 嗯

温顺的人大多会用这个语气词。

7. 呀

讲话中常使用"呀"字，说明此人比较孩子气。"呀"这个语气词颇为年龄小的人所喜爱。

对说话内容进行分析：

（1）刚刚认识，聊几句便说"我爱你"之类的暧昧语的这类人，要不就是年纪小，要不就是极度空虚无聊的人。

（2）认识时间较长，彼此都有很深的了解后才说"我爱你"，这类人知道克制，比较能掌握分寸。

（3）无论网上聊得多投机，从来不说"我爱你"的人很有心机，网络和生活能分开。这类人一般都是上了年纪的成熟智慧型人物。

由打字速度可知：

（1）如果这个人打字速度非常快，却连篇累牍，这样的错误大都为年轻人所犯。他们表现欲较强，过于急切证明自己的实力。

（2）如果一向打字快的人速度变得很慢，并感觉好像在敷衍你，那说明他不只和你一个人在聊天，或是他的注意力主要集中在自己玩的游戏上。 对于这类人应该尽量不要放在心上，顺其自然就好。

（3）如果这个人打字不是很快，但是谈吐幽默且很有哲理性，则表明这些话都是经过思考的，这样的人一般都是有修养、成熟、稳重的人。

对标点符号的分析：

（1）句子多用逗号。 这类人做事急脾气，性情比较刚烈。 如果是女孩子，多为率真的个性，很像男孩子。

（2）使用大量符号修饰言语。 喜欢用一些符号增添气氛，表达自己强烈情感的人比较浪漫，讲究情调，大多都是年轻人。 这样使用的女生人数比男生多。

（3）有整齐的标点。 标点符号用得非常规范，小的标点也不错过，说明此人很细心，做事十分严谨，似乎是成熟人士。

（4）不使用标点。 网聊时从来不打标点符号的人很值得我们留心，他们一般都工于心计，善于耍小聪明。 同时，他们血气方刚，做事不留余地，难以控制。

第四章

找准话题：让对话持续

寻找共同话题，引发共鸣

找到共同话题之后，我们所要做的，就是使话题深入人心。在人际交往的过程中，如果想给别人留下一个深刻的好印象，就必须想方设法使谈话内容引起双方的共鸣，并尽量语出惊人，让对方对你刮目相看。

要想让别人对你有一个全新的认识，最有效的方法就是通过语言让别人对你的看法发生转变，从而抓住听者的心。若想抓住听者的心，应该注意以下几点：

1. 察言观色，了解对方心理

现代社会的人际交往，往往要求人们有察言观色的能力，虽说这种交际方式有矫揉造作之嫌，但却是交际中不可缺少的重要因素。因为，如果缺少察言观色，就会缺少原动力，进而失去原有的有利优势。若不能察言观色，则不能正确了解对方心理，更不可能说出别人爱听的话。

比如，与你聊天的是一个刚刚失去工作的人，那么，他最讨厌听到的就是与工作有关的话题。如果你不能了解对方的所思所想，就很可能会说出不得体的话，使对方对你产生厌烦的感觉。此时，切记不可炫耀自己的工作有多么好，而是应该尽力开导和劝慰对方。时下流行的一句歌词说："心若在，梦就在，天地之间还有真爱……看成败，人生豪迈，只不过是从头再来。"应该用这样的话激励对方，使对方重整信心，开创新的事业，还可以给他讲一些成功人士起起伏伏的人生经历。这样一来，能迅速拉近双方的感情。

　　小蕊是个自卑的姑娘，因为相貌平庸，所以她性格自闭，不爱交际。一次，小蕊在百无聊赖的情况下，参加了一场舞会。出于自卑，小蕊躲在一个不起眼的角落里，不愿与人交流，舞会进行了一半，仍然没有人邀请她跳舞。这一切，都被细心的小波看在眼里。于是，他走到小蕊面前，彬彬有礼地邀请她跳舞，小蕊自然非常高兴，十分乐意地接受了他的邀请。一首舞曲结束了，小蕊仍然处于兴奋的状态中，小波见此情景又说："你跳舞跳得这么好，为什么总躲在角落里呢？你的资质不比任何人差，应该大胆地走出来，要对自己充满信心。这样，你会变得更加漂亮。"小蕊听后，心中充满了感激之情。就这样，两个陌生人之间的距离仿佛瞬间被拉近了。这就是察言观色、了解他人心理的好处。

2. 把握时机，巧妙插入话题

在与人交谈的过程中，不要轻易放过任何一个结识新朋友的机会。不过，这样做的前提是：要在适当的时候，用适当的话语征服对方的心。其实，把握交谈时机并非难事，只要审时度势，在适当的时机介绍、表现自己，把合适的话题巧妙地插入到交谈之中，让对方充分了解自己，就能拉近彼此之间的距离，培养双方的感情。除此之外，还有可能在言语上引起共鸣，获取收益。

王先生非常喜欢晨练。一天，在晨练过程中，他听到一位女青年在河畔唱歌，歌声悦耳动听。王先生情不自禁地驻足河畔，静静聆听女青年唱歌。片刻后，他很礼貌地对女青年说："你的歌唱得非常好，很有音乐天赋，我完全陶醉在你的歌声里了。"女青年听了之后，高兴地说："谢谢，我是音乐学院的学生，已经学习唱歌三年多了。"两人开始了一场由浅入深的交谈，逐渐找到了共同点。于是，他们开始谈对音乐的热爱，还谈到了对进入音乐圣殿的向往。这样一来，不仅加深了彼此之间的了解，而且拉近了彼此之间的距离。

实际交往中，与你打交道的人总是多种多样的。这些人中，既有性格开朗的，也有性格内向的。对待这些人，一定要因人而异。对待性格比自己更内向的人，应该说一些比较轻松的话题，如籍贯、天气等，千万不要与对方谈论一些大的哲学道理或是高深的学术问题，因为这样容易使对方产生压迫感，不利于进一步交流。与性格内向的人交谈，最重要的是营造轻松、愉悦的谈话气氛。这样一来，比较容易激起对方的谈话欲望。

无论是与陌生人交谈，还是与熟人聊天，都必须注意选择谈话的内容，要尽量避免容易引起争议的话题，更不要使用尖酸、刻薄的词语。因此，在准备引入某个谈话话题的时候，要特别留意对方的眼神和小动作，一旦发现对方有厌烦、冷漠的表现，应立即转换话题。倘若自己的言语无意间伤害到了对方，一定要马上向对方道歉，请求对方原谅你的无心之失。

3. 交谈还要收好尾

一句温馨得体的告别语，不但能作为一次交谈的完美谢幕，还能给别人留下深刻的印象，使对方产生意犹未尽的感觉，希望下次再与你交谈。例如，谈话结束后，可以在结束语中加入诸如"祝您发财，万事如意""今天与您结识真是三生有幸，有机会一定找您好好交流""有什么能帮上忙的事情尽管开口，我一定尽我所能"之类的话语。这些热情洋溢的话语，会使对方受到感染，产生相见恨晚的感觉。当然，对方听到这类话语也会有所回应，说一些相应的暖人心窝的话语，例如，"听君一席话，胜读十年书""送君千里，终有一别""谢谢你的盛情款待"等。如此一来，谈话双方的感情会升华到一个新的高度，日后交往也会更加愉悦顺畅。

总而言之，如果想把话题深入下去，使双方产生共鸣，以上的三点不失为非常有效的办法。

除此之外，与人交谈的时候还应该做到：情要热，语要妙。情热，是指用满腔热忱去对待交谈对象，待人要诚恳，不虚假、不做作、不吹牛、不炫耀自己；语妙，指的是说话选词合适，尺度得当，表现出应有的风度。千万不要喋喋不休，不顾及对方的感受，自顾自地说个没完；也不能过分热情，否则，别人会误认为你对他另有图谋，从而对你提高戒备，这对深入话题、引起共鸣有百弊而无一利。

与人交谈时，只有抓住了对方的心，才能把话说得更漂亮、更动听。唯有如此，才能达到我们想要的效果。要知道，一句中听的话，如同一颗善意的种子，在我们的精心呵护下，一定能生根、发芽，直至开花、结果。

平淡的话题更有亲切感

关于话题，可能有人认为，只有那些令人兴奋、刺激的话题才值得一谈，所以便苦苦地搜寻一些奇闻、令人惊心动魄的事情，或是令人难以忘却的经历，以及不寻常的事情。其实，这种认识大错特错，往往那些看似平淡如常的话题更会让人产生亲切感。

一位年轻漂亮的姑娘，走进一家珠宝店，在柜台前端详了许久。售货员礼貌地问了一句："姑娘，请问您需要什么？"

姑娘不冷不热地回答说："随便看看。"从她的言语中，售货员敏锐地察觉到这是位性格独特的女孩。此时，售货员如果不能找到令顾客满意的话题，那么，这笔生意很可能泡汤，钱财就从自己手边溜走了。

这时，售货员开始不断打量这位年轻漂亮的姑娘，他从姑娘的穿着打扮上判断，这位顾客是一个非常讲究的人。于是，售货员赞美道："您的这件上衣好漂亮呀！一定花了很多钱吧？"姑娘的视线从陈列品上移开了，说："当然了，这种上衣的款式比较特别，我非常喜欢它。"售货员又接着说："这么有品位的衣服，肯定不是在国内买的吧！"姑娘骄傲地说："当然不是，它是我朋友从国外给我带回来的。""姑娘您本来就天生丽质，再

穿上这件衣服，更显得光彩照人了。"售货员面带微笑
地说。

"您过奖了。"姑娘有些不好意思地说。

售货员见此情景，又补充道："不过，这似乎还有
些美中不足，如果您能再搭上一条项链，那就锦上添花
了，它能将您衬托得更加完美。"

姑娘客气地说："是呀，我也是这么想的，只是项
链也是一种价格不菲的商品，我有些担心自己选得不合
适……"

售货员又说："姑娘如果信得过我，就让我做姑娘
的参谋吧……"

最后，这笔买卖顺利地做成了，姑娘满意地买走了适合自
己的项链，而售货员也得到了一定的收入。

有人认为，这种交谈方式是做买卖的一种手段。其实，寻
找安全性话题的谈话方式，完全可以运用到各种交际场合中。

与人交谈时，有人感到非常拘束，羞于启齿；有人觉得找
不到共同话题，没有共同语言，无法交谈；有人倍感尴尬窘
迫，欲言又止，或语无伦次；有人说话生硬，让人误解……产
生这些现象的根本原因在于没有找到安全性话题。

那么，如何才能找到安全性话题呢？以下几点可供参考：

1. 讲话要因人而异

有些话题，虽然一般人听起来会觉得很有趣，在谈话中也
非常受人欢迎，无论是听的人还是讲的人，都能有种满足感，

但这类话题毕竟不多，有些诸如家喻户晓的新闻，根本不用等你来讲，别人就早已听过了。

你在某一个场合，讲了一个故事，很受大家的欢迎，而这个故事在另外一些人的面前，并不见得合适。所以，如果一味地认为只有那些不平凡的事情才值得交谈，那也就会常常觉得无话可谈了。

2. 要寻找大家熟知的话题

有些人喜欢与别人谈一些与哲学相关的话题，但由于大多数人对这样的话题不感兴趣，所以若以这样一个话题开场，即便准备得再充分，在一般场合下，也会变得无话可谈。

如果在日常生活中多加留意的话，那么很多题材都可以成为良好的谈话素材。比如，谈足球、篮球和羽毛球；或是谈生命、爱情、同情心、责任感、真理、荣誉；也可以谈一些饮食、天气之类的；还可以谈谈某个人的见解，顺便陈述一下自己的观点等。当然这是一个灵活的话题，也可以做一下调整。

如果双方是初次见面的陌生人，不妨先从天气、籍贯、兴趣和衣着等方面入手。这些也属于安全性话题，而且不会触及个人隐私，以便继续交谈下去。例如："你是哪里人？""山东。"这样，便可以列举山东一些秀美的景观、发达的城市等等。如此一来，双方的话匣子就打开了，谈话氛围也会逐渐好起来。或者，你还可以说："今天天气真好，如果能外出郊游，那可真是不错。你喜欢什么样的户外运动？"对方可能会说："我喜欢爬山……"然后，就可以循着对方的话题，继续交谈下去。顺势类推，绝对能找出源源不断的话题，甚至会觉得意犹未尽。

3. 试着探求对方的兴趣爱好，寻找安全性话题

人际交往中，若想与他人攀谈，只要主动、热情地同他们聊天，在话语中逐渐摸索、尝试，总会找到合适的话题。

与人交往的过程中，如果要想知道对方的兴趣和爱好，不断拓宽谈话范围，那么说出来的第一句话，就必须要使对方能够充分明了。比如：看到一座雕像，可以指着这座雕像说，真像某某的作品；抑或是听见鸟鸣，就说很有门德尔松音乐的风味。但说出这些话的时候，要确定对方在这方面不是一个外行才行，否则，不仅不能讨好取悦对方，还有可能会让对方感到厌烦。

如果不知道对方的职业，就不可胡乱说话，因为失业且自尊心很强的人，非常讨厌别人问及他的职业，所以像这样的话题，要尽量地回避。

若想知道一个人的职业，可以说："阁下常常去游泳吗？"他说："不。"那你就可以问他："整天都很忙吗？每天去哪儿消遣比较多呢？"

这种问法，也是试探他人职业的一种方法，这样，就可以试探出对方是否有稳定的工作。如果对方的回答是周末或每天五点后去消遣，那么这个人很可能有固定的职业；反之，就不必再细问了。

一旦确定了这个人有工作，再去问及职业，如此一来，就可以和对方谈工作范围以内的事情了。

善于动脑，话题无处不在

工作和生活中，只要我们仔细观察，善于动脑，到处可以捕捉到话题的"影子"。比方说你和同事在聊电灯开关的问题，可能聊完就没话题了，这时你可以展开自己的联想，对电灯开关作进一步的纵向思考，就会有意想不到的收获：电灯开关——声控电灯开关——光控电灯开关——声、光双控电灯开关——声、光、手动三控电灯开关……按这样的思路纵向深入思考，或许你就会发明一种新型的电灯开关。

联想力会为思维和语言插上翅膀。要在语言表达中"飞"起来，就必须通过学习和实践长出这样的翅膀。当你和他人的谈话不知道如何进行下去的时候，不妨顺水推舟接着对方的话茬展开自己的联想往其他的方面引申。

马寅初在担任北京大学校长期间，有一次，曾经在百忙中参加中文系郭良夫老师的结婚典礼。贺喜的人们发现校长亲临现场，情绪顿时高涨起来，鼓掌欢迎马校长即席致辞。马寅初本来没有想到自己要讲话，但是既然大家热情相邀，又不能让大家扫兴。讲什么呢？多夸奖新郎几句吧，又显得是客套话；讲学问吧，显然不切时宜。最后，他来了个一句话的演讲："我想请新娘放心，因为根据新郎大名，他就一定是位好丈夫！"人们听了马校长的这一句话，起初莫名其妙，后来联系到新郎的大名，恍然大悟：良夫，不就是善良美好的丈夫吗？

在没有准备的情况下，马寅初展开丰富的联想，由新郎的大名联想到善良美好的丈夫这一话题，让婚礼现场的气氛更加热烈。

联想让未来的世界进入我们的大脑，让我们的思维突破旧的格局，与他人谈话若失去了联想，谈话就很难继续进行下去。

一个村办小厂的厂长，希望与一家大集团公司建立协作关系，但遭到了该公司副经理的拒绝。第二天，他又找上门，要直接面见总经理，他被告知，谈话时间不得超过 5 分钟。

他被引荐给总经理时，发现总经理正在小心翼翼地掸去一幅书法立轴上的灰尘。他仔细一看，是篆书，便说："总经理，看来您对书法一定很有研究。唔，这幅篆书写得多好，看这里悬针垂露之法的用笔，就具有一种多样的变化美……"总经理一听，啊，此人谈吐不凡，一定是书法同行，于是说："请坐，请坐下细谈。"

他们从书法谈到经历，总经理还讲述了自己的奋斗史，小厂厂长很懂说话艺术，谈话时适时提问，使总经理得以最大范围地展开叙述。最后，总经理很痛快地就和那家小厂合作了。

故事中小厂的厂长从书法联想到个人经历，引出话题让总经理讲述了自己的奋斗史，可见小厂厂长很懂说话要联想的艺术，最终达到自己的目的。

　　联想让我们的思维变得活跃，正如美国著名心理学专家、成功学大师安东尼·罗宾斯所认为的那样，联想能带领我们超越以往范围的把握和视野。想象对我们每一个人都很重要，如果在工作中缺乏想象，我们就很难做出令人信服的创意。许多作家在创作时也往往让自己的视觉、听觉、味觉、触觉各种感观都搭上想象的快车，让自己的大脑达到新一层的境界。法国作家福楼拜说，当他描写包法利夫人自杀时，就曾生动地感觉到了自己口中砒霜的味道。世界大文豪托尔斯泰的想象生动性更是发展到了极致，以至于他有时会把过去经历的事情和想象的东西混淆起来。俄国著名作家冈察洛夫说："小说中的人物常常使我不能安静，他们紧紧地跟着我。我听到谈话的片断，常常认为这不是自己想象出来的，而就发生在身边。"

　　要培养自己拓展话题的联想力，可以从以下几个方面入手：

　　（1）注重发散思维的培养。不妨让自己在思考问题时不拘泥于形式，多开动脑筋，让自己的联想力和思维拓展能力得到最大限度的发挥。

　　（2）在多数人不愿接受以及不愿考虑的事情上，不循规蹈矩，敢于质疑一切老生常谈的问题。

　　（3）培养急骤性的想象能力，即在集思广益中迸发出创造性观点。万事都要乐于去问一个为什么，乐于去敏锐地观察，以时刻培养联想出新方法。

因人而异，说话一定要看对象

俗话说，"青菜萝卜，各有所好"。人的偏好不同，社会的供给也应丰富多彩。正所谓"一把钥匙开一把锁"，人的年龄、性别、个性、爱好、性格、文化程度、家庭环境等这些都存在着差异，一件事情用同样的方法是解决不了问题的。在与他人谈话的时候必须做到因人因事而异，从而达到心灵上的沟通，相互理解。

与人交谈，要因人而异，这样才能与你要交谈的对象产生共鸣，有助于你们的交往。否则，不仅会影响你的人际关系，还会闹出一些笑话。也就是说，跟什么人说话就要聊什么样的话题。

孔子是我国古代有名的大教育家，人称"孔圣人"。能成为圣人的原因有两个，一是他会看人讲话，二是他会写文论语。孔夫子带领众弟子周游列国时，就一个问题被不同的人问起，孔子就有不同的回答。有一农民问孔子："太阳从什么方向出来？又在什么地方落下？"孔子回答说："太阳从东山出来，在西山落下。"农民说："你果然是圣人，心服了！"有一商人问孔子："太阳从何方出来？又将落于何方？"孔子答到："太阳从东海出来，向西海落去。"商人说："你终究是圣人，心服了！"有一文人问孔子："日从何方出？日向何方落？"孔子答:"日从东天出,日向西天落。"文人说:"你果然是圣人,心服也!"同样一个问题,孔子因何有三个答案?因为农民、商人、文人的视野与知识都不相同,一个答案满足不了各方要求,孔子只有按其所知答其所问。因此,孔子就是孔子,以其水平回答,才能成为不同界层的圣人!

由此可以看出,说话一定要看对象,要不然,即使你能够口若悬河,滔滔不绝,对方可能也不会对你说的话感兴趣。

作为商家,你必须能说会道,也只有这样,顾客才能了解你的产品。人们把这类商家的演说称为"游说",这是恰到好处的评价,他们以"游说"的说话方式,抓住了对方的心理。

亚当森是美国优美座位公司经理,在一次参加宴会的时候,他得知伊斯曼捐巨款要在曼彻斯特建造音乐厅、纪念馆和剧院。许多制造商都已前来洽谈过,而没有结果。亚当森希望能争取到这笔生意,更希望借此扩大公司的名声,树立公司在市场竞争中的形象。因此,他也来到柯达公司总部,要面见柯达公司总裁伊斯曼。

他向柯达公司总裁秘书说明自己的意图后,秘书通报了,并告诫他:"我知道你急于得到这批货,但我现在可以告诉你:如果你占用伊斯曼先生五分钟以上时间,你就完了。他是个大忙人,所以你进去后要迅速地讲,讲完后马上出来。"

于是，秘书领着亚当森进入了伊斯曼的办公室。伊斯曼正在忙着整理资料。亚当森环视办公室，等到伊斯曼忙完了，然后对总裁说："伊斯曼先生，当我在这里等候您的时候，我仔细观察了您的这间办公室。我本人长期从事室内的木工装修，但从未见过装修得这么精致的办公室。"

"哎呀！您提醒了我差不多已经忘记了的事情。"在这个时候，伊斯曼总裁好像对此特别感兴趣，高兴地说，"这间办公室是我亲自设计的，当初刚建好的时候，喜欢极了。但是后来一忙，一连几个星期我都没有机会仔细欣赏一下这个房间了。"

说到这里，伊斯曼总裁非常高兴，于是他又接着说："墙上装修用的木板是从英国进口的橡木，是我的一位专门研究室内细木的朋友专程去英国为我订的货。"

伊斯曼总裁情绪极好，竟然站起身来，撇下那堆待批的文件，带着亚当森仔细参观起办公室来了。他把办公室内的所有装饰一件一件向亚当森介绍，从木制谈到比例，又从比例谈到颜色，从工艺谈到价格，然后详细地介绍了他设计的过程。亚当森微笑着聆听，饶有兴致，并且不时地给予继续的示意和鼓励。亚当森还不失时机地询问伊斯曼的奋斗经历。伊斯曼便向他讲述了自己的苦难少年和坎坷经历，如何在贫困的生活中挣扎，自己发明了柯达相机的经过，等等。

在此过程中，亚当森不仅听得聚精会神，而且发自内心地表示敬意。这个时候，伊斯曼总裁对亚当森说：

"上次我在日本买了几把椅子，放在我家的走廊里，但由于日晒，都脱漆了。我昨天到街上买了油漆，打算自己把它重新漆好。您有兴趣看看我的油漆表演吗？到我家去和我一起吃午饭，再看一下我的手艺。"

其结果当然是可想而知的，亚当森不仅得到了这项工程的订单，而且还和伊斯曼结下终身的友谊。他成功的诀窍很简单，通过"游说"，千方百计激发对方谈话的兴趣，从而建立真正的朋友关系，生意自然好做了。

另外，当你与对方交谈时，你也必须考虑到对方的文化背景，因为不同文化背景的人，在说话方式上也会呈现不同的特点。因为从事不同职业、具有不同专长的人，他们所接触的信息类型和话题往往不相同，而他们也会因为不同的专业知识和经验，对不同的话题津津乐道。如果你以对方一窍不通或一知半解的事物作为话题，对方就会觉得味同嚼蜡。这样，你想与对方继续深谈将会显得十分困难。相反，如果你能抓住对方职业或专长上的特点"对症下药"，借此作为交谈的话题，就容易拉近心灵间的距离，从而使双方产生极佳的共鸣。

正所谓见什么人说什么话，到什么山唱什么歌。在聊天中要做到言语得当，就应学会针对不同的人说不同的话。比如，和年龄大一点、有孩子的同事在一起，话题就离不开孩子，你可以听他们说说孩子的趣事，附和几句；和年长的同事聊天，要有一种请教的姿态，表现出你希望听到他的建议和教诲；和喜欢打篮球的朋友在一起，你就可以多和他聊聊篮球的事；等等。

懂得衍生，让话题无穷无尽

对那些不会聊天的人来说，即使再怎么刻意、努力地收集话题，也仍会觉得与他人聊天时话题不够用。而善于聊天的人正好相反，他们不必专门收集话题，也能拥有取之不尽、用之不竭的话题，从来不会为闲聊时没话题而担忧。这是什么原因呢？

其实出现这种情况最根本的原因是，会聊天的人懂得怎样从一个话题衍生出更多的话题。比如，两个人正在聊昨天看了什么电视，不会聊天的人可能说完自己看了什么电视之后就无话可谈了；而对于会聊天的人来说，他会从看了什么电视当中衍生出无数的话题——剧中人物的现实意义，演员演的效果如何，导演的立意，哪个演员更适合演这个电视剧，等等。

这样一来，聊天的话题就会取之不尽、用之不竭了。当然，要做到这一点并不容易，你可以参考以下几个方面来提高自己衍生话题的能力。

（1）培养自己对话题的灵敏度

一个话题能衍生到什么程度，就要看说话者对这个话题反应的灵敏度。因此，我们要培养自己对任何话题都能够灵敏反应的能力。

（2）有意识地培养自己从多方面来看待问题的思维能力

比如，当我们在谈论《小爸爸》这部电视剧的时候，我们不仅要看到这部电视剧本身，还可以有意识地训练自己关注与此相关的各个方面：现实生活中的"小爸爸"们都会遇到哪些问题？ 越来越多的 80 后、90 后成为父母，他们是怎样教育孩子的？ 现在社会上的一些年轻人为什么不想要孩子？ ……这样一来，话题就得到了无限的延伸了。

（3）在日常生活中尽量伸展接受信息的触角

这样能让自己处于容易接受各种事物刺激的状态。 当事件带给我们的感触是多方面的时候，我们便能轻松地衍生出更多的话题。 具体来说，如果每天不看报纸、不听新闻、不与人聊天，那么显然接受的刺激是相当有限的，闲聊的话题自然也就少之又少了。 如果你在这方面做得不好，就要多看多读，以此培养语感，加强对语言的自发控制力。 另外，平时应注意语言实践，多听、多说、多练，这样能够提高语言的敏感度、清晰度，增强语言材料的丰富性、逻辑性。 如果我们在这方面比较欠缺，就要有意识地让自己多接触电视、杂志、网络等媒体。

（4）做衍生话题的训练

只要听到一个有可能作为闲聊话题的事件，就训练自己以此为基础衍生出更多的话题。 一开始，以衍生出三个话题为要求，然后逐渐增多，一点一点提升自己。

第五章

成功交谈：让对话进行得更融洽

把话语权交给别人

女娲造人的时候，只给了人一张嘴，却给了人两只耳朵，这是为什么呢？ 这是要人们少说多听，唯有如此，才能从谈话中挖掘出更多的信息，才能对加深相互了解、深度交谈有所裨益。

英国一家大型汽车公司准备采购一批汽车坐垫。为了争取到这个大客户，三家汽车坐垫生产公司都准备好了样品，等待汽车公司高层的检查。为了买到最好的汽车坐垫，汽车公司的高层准备让这三家坐垫生产厂家进行最后的角逐。于是，汽车公司给三个坐垫生产商同时发了一个通知，让各厂代表准备最后一次较量。

汤姆是三个代表之一，当他代表公司与汽车公司高层交谈时，正患着咽喉炎。当汽车公司高层让他描述自家产品的优越性时，他在纸上写下了这样一段话："尊敬的先生们，我嗓子哑得几乎不能发出声音。因此，我把说话权交给在座的各位。请原谅我的不礼貌。"

汽车公司总经理看到这段话后，说："我来替你说吧。"他陈列出汤姆带来的坐垫样品，非常仔细地讲述了它的优点，在座的每位领导都发出了称赞的声音。汽车公司的总经理自始至终都在为汤姆说好话，而汤姆则只是象征性地点点头或微微一笑。然而，这样的洽谈竟然赢得了汽车公司的青睐，汤姆与汽车公司签订了价值180万元的订购合同。

后来，汤姆回忆说："当时如果我像其他厂家的代表一样，对自家产品夸夸其谈，说不定我会失去这次合作机会。我之所以能在三个代表中脱颖而出，是因为我把话语权交给了汽车公司的总经理，而我自己却成了一个听众。这次经历让我发现，把话语权交给别人，有时是多么重要啊！"

一个商店的售货员，如果不管三七二十一，总是自顾自地拼命称赞自家产品，不给顾客说话的机会，就很可能会失去一位准客户。原因是不给顾客说话的机会，就不会了解顾客的需求，即使把自家产品夸得天花乱坠，却不符合顾客的需求，到头来也是徒劳。所以，让自己充当一名听众，也没有什么不好，倾听有时也是一种收获。

把话语权交给别人，有时比自己唠叨更有价值。其实，每个人都不喜欢被别人忽视，而且都想让自己成为交谈中的主角，一旦别人能满足自己的这个想法，就会由衷地愿意与这样的人接触交谈。反之，如果别人一味地把自己当成听众，自己肯定会产生逆反心理，认为对方不够重视自己。

威森是一位对工作兢兢业业的青年，他的工作是向一家专门替服装设计师和纺织品制造商设计花样的画室推销草图。连续三年，威森每个星期都去拜访纽约一位著名的服装设计师。"他从不拒绝接待我，"威森先生说，"不过他也从来不买我的草图。他总是很仔细地看我的草图，然后说：'不行，威森，我想我们今天谈不成了。'"在经历了150次的失败后，威森终于明白自己过于循规蹈矩了，于是他决定，每个星期都抽出一个晚上去研究与人交谈的哲学，来拓展新观念，创造新的工作热情。

不久，他就急于尝试这一新方法。他随手抓起六张还没完成的草图，冲入买主的办公室。"如果你愿意的话，希望你帮我一个小忙，"他说，"这些都是尚未完成的草图，你能不能告诉我，我们应该如何把它们做完才能对你有所帮助？"

这位买主默默地看了看那些草图，然后说："把这些图留在这里，几天后再来见我。"

三天以后，威森又去了，把草图拿回画室，依据买主的意思把它们修改完成。结果那位买主全部接受了。从那以后，买主又向他订购了许多图案，不仅如此，双方还成了好朋友，买主还把威森介绍给了他的朋友。

其实，图案都是根据买主的想法画成的，威森却净赚了1600多美元的佣金。"我现在明白，为什么这么多年来一直无法和这位买主做成生意，"威森说，"我以前只是说服他买下我认为他应该买的东西，但现在我尽量把话语权交给对方，让对方说出自己的观点和看法。让对方觉得这些图案是他自己创造的，而事实也是这样。如今我用不着去向他推销了。"

那么，究竟该怎么做才能把话语权交给别人呢？

1. 控制自己的说话量

也就是说，不要只顾自己说个没完。生活中许多人都有这样的坏习惯，只要话匣子一打开，就没完没了地控制不住。其实，这并不是聪明的做法，而是费力不讨好者所为。一方面，话说得越多，给别人传递的信息就越多，别人在你身上学到的东西也就越多。另一方面，你耗费大量的精力给别人传递信息，别人不但不会感激你，反而会认为你是一个爱炫耀的人，你所说的每一句话不见得都是别人爱听的，也许一句话说得不好就可能会得罪人，由此，别人也会对你敬而远之。由此来看，那些口若悬河的人确实该注意自己的言行了，否则吃亏会更多。尤其是从事推销这一行业的人，就更应该留意这点。推销员的目的是为了推销产品，使对方能心甘情愿地接受自己的观点，购买自己的产品。所以，在说话这一问题上必须小心谨慎，应该做到让对方尽情地表达自己的观点和看法。这样才能在对方的话语中，揣测到对方的性格、心理和购买欲望。

人际交往过程中，如果自顾自地说个没完，不管对方的来意、兴趣爱好，是很容易被误解的，同时也是对自己不负责的表现。当然，对于对方的提问也不能坐视不理，因为这样是不礼貌的，容易伤害到对方的自尊心。所以，对于别人的提问要耐心地听下去，并真诚地鼓励对方把想要说的话说出来，把想法表达清楚。

当然，也不能让自己成为纯粹的听众，偶尔也要表达一下自己的观点，这一点非常重要。比如，对方说："我很喜欢月季花。"这时你可以附和对方一句："我也很喜欢，尤其是红色的。"这样一来，对方就会顺着你的话题继续说下去了，从而为彼此间的谈话制造了愉快的气氛，谈话也就可以顺利地进行下去。可是，如果你说出一句大煞风景的话，不仅话题不能继续，还有可能会破坏刚刚建立起来的感情，成为顺利交际的障碍。

与人交谈也有一定的规则，虽然它不像交通规则那样刻板，但是也得遵守着红灯停、绿灯行的原则，否则在人际交往中很容易误入雷区。在社交过程中，与人交流并不能像与家人谈话那样随便，想说什么就说什么，想怎么说就怎么说。它需要讲究一定的方式方法，不能纯粹地把自己当成主角，还要适时地充当配角，充当一个听众。在恰当的时机，扩展谈话的内容，以便继续交谈下去，而且还要不时地与交谈对象互换位置，这样才能使交谈平等地进行下去。

交流是双向的。在听完对方的谈话后，自己要发表一下意见或看法。如果只是默默地听取而不做任何反应，交谈很可能就会陷入一片死寂的气氛中，这对交谈非常不利。再者，当别人发表完意见后，无形中就等于把话语权转交到你的手里，此时，你完全可以发表自己的看法，充分展示自己。

2. 要养成倾听的好习惯

前面已经提到，女娲创造人的时候，只给人一张嘴，却给了人两只耳朵，目的就是为了告诉人们要养成多听的好习惯。曾经有位科学家做了一项调查研究，研究对象是一批受过专业培训的保险推销员。科学家把业绩最好的 10% 和业绩最差的 10% 作了比较，结果发现存在很大的差异。受过同等训练的人，为什么会产生如此大的差别呢？原因就是他们每次推销产品时，讲话的时间长短上有差异，业绩差的那些人，每次推销时说话时间累计为 30 分钟；而业绩最好的那一部分人，每次推销时说话时间累计只有 12 分钟。

人们也许要问，为什么只说 12 分钟的推销员，反倒会取得更加理想的业绩呢？

其实，道理显而易见，因为他们说得少，听得自然也就多了。倾听的过程中，他们能获得较多有用的信息，而且他们可以在倾听的同时，思索、分析顾客各方面的信息。然后，针对顾客的具体情况、疑惑和内心想法，从中找出解决问题的方法，所以业绩自然优秀。

善于倾听不仅对人际交往大有裨益，对企业而言，也能起到举足轻重的作用。

松下幸之助就是一个很好的倾听者，这也是松下电器能够不断发展迅速壮大的原因之一。他说，倘若你对员工所提出的意见、建议不加理睬，那在此以后，他们便不愿再提了，这样容易使下属养成懒惰的恶习。因为他们认为提了也无济于事，你也不会听，干脆光听你的不就行了。在这种情况下，下属的积极性还能提高吗？还会开动脑筋吗？智慧还能被激发出来吗？这样显然不行，如此下去，公司就会变得死气沉沉，经济效益也不会好到哪儿去。

把话语权交给别人，还能提升自己的人气，使自己有好人缘。

每个人都喜欢讲，却不喜欢听，要想处理好人际关系，必须意识到多听比多讲的效果要好得多。让自己尽可能地充当一个好听众的角色，这在人际交往中是很有益处的。

一次，卡耐基到一个著名植物学家的家里做客，植物学家滔滔不绝地给他讲述植物学的专业知识。此时，卡耐基并没有像其他人那样对植物学家的话爱答不理，他似乎对植物学非常感兴趣，听得津津有味、目不转睛，像个喜欢听故事的孩子一样，不时还要向植物学家提出问题。

两人像遇到知己一般，越谈越开心，直到半夜，植物学家仍然意犹未尽，他告诉卡耐基说："你是我所遇到的最好的谈话专家。"

把话语权交给别人，就是告诉人们，要强迫自己去喜欢别人的话题，以足够的耐心去倾听对方的意见，就像去电影院看一场自己并不喜欢的电影，要耐着性子把它看完。如果自己觉得电影不好看就一走了之，那么买电影票的钱也就白花了。在与人相处的过程中，这个道理同样适用，如果不喜欢对方提出的话题，一走了之，这种行为很容易伤害到对方的自尊心，影响双方的感情。所以，在人际交往这个大舞台上，千万别总把自己当成主角，要适时地把话语权交到对方手上。否则，很难得到别人的认同，也很难获得他人的尊敬。

社交场合是一个纷繁复杂的地方，每个人的个性、爱好都不尽相同。如果一味地要求别人去适应你，只听你一个人讲话，那么可以肯定的是，你在社交过程中，不会交到知心好友，更不会办成事。因此，与人交往最重要的一点，就是要把话语权交给别人，这不仅对处理人际关系有好处，还可以让你结交到好友并把事办成。

耐心是对话进行的基础

耐心是聪明才智的基础，耐心对人生很重要，对人与人之间的对话来说，耐心是对话能够顺利进行的基础。耐心倾听别人说话是一种尊重别人的行为，耐心可以使人们更多地倾听对方，了解、掌握更多的信息。当我们与他人对话交流时，千万不能喋喋不休地谈自己，而应该选择抱着开阔的心胸，耐心地听他人说。能够对谈话保持耐心的人无论走到哪里，都会受欢迎。

著名推销员乔·吉拉德说过这样一句话："上帝为何给我们两只耳朵一张嘴？我想，意思就是让我们多听少说！倾听，你倾听得越长久，对方就会越接近你。"假如你想让大家都喜欢你，那么就尊重别人，耐心地听对方想要说的话，满足他的成就感。

一个有耐心的倾听者必须足够沉着，有着过人的忍耐力。

多伦多电话公司多年前接待了一个凶狠、蛮不讲理的顾客。这位顾客在投诉问题的时候态度恶劣，他先用恶毒的语言辱骂接线生，辱骂完了之后才说出问题。他说自己接到电话公司寄来的假账单，因此他拒绝缴费。他同时声称要把这件事投诉到媒体，向公众服务委员会提出申诉。这引起了电话公司的高度重视。

电话公司先派出一位富有经验的调解员，去拜访那位有点蛮横的顾客。调解员到了之后，并没有开口说出电话公司的立场，而是静静听着那位喜欢争论的顾客喋喋不休地发泄他的满腹牢骚。调解员对他的质问都是简短地回答"是！是"，并对他的遭遇表示同情，对他所举的每一点理由都表示赞同。调解员对这位顾客连续不断地大声说话并没有显示出一丁点儿不耐烦，而是静静地听了三个小时。

像这样的调解，这位调解员一共做了四次。在前三次中，调解员对他所要求的事，不提一个字。到了第四次，调解员成功地解决了这件事情。顾客付清了所有的账款，并且撤销了对电话公司的申诉。

这位挑剔的顾客表面上无疑是为社会公义而战，不遗余力地保障公众的利益，而实际上他是用挑剔、抱怨来使他的自重的需要获得满足。 如果你毫无耐心地拒绝他这种抱怨，无疑会使他的自重感受到挑衅，变得更加的挑剔。 而当他从电话公司调解员身上得到这种自重感后，那些不切实际的委屈也就消失了。 所以，耐心是收服挑剔的人的一剂良药。

耐心不仅能帮助你解决棘手的问题，还能帮你获得感激、信任等。 耐心，反映的不仅是一个人的修养，还是职业化员工在工作中应有的职业态度。

一家电器店遇到过这样一件事。一天，一位客人来店购买电器，选中电器到收银台交钱的时候，收银员傻眼了，这位客人竟然提来了5口袋硬币。

怎么办？不收，客人肯定不愿意，这不是人民币吗？收银员立即报告了店长。店长毫不犹豫，一方面邀请这位客人到会客室休息，另一方面则组织了十几位工作人员在会客室耐心地清点硬币。结果，花了3个多小时才将硬币清点完毕。电器店不仅使这位顾客对自己的服务非常满意，而且也没有耽误其他的客人交款。

耐心是一种职业化的工作态度，是一种无声的服务。对客户要耐心细致地解释，把公司产品的信息准确、简练地传达给客户。尤其是那些新客户，他们对公司产品不熟悉或者一知半解，对公司也没有建立信任关系，他们想了解和考察产品的各个方面，以便做出正确的购买决策，站在他们的角度，这是可以理解的。耐心细致地讲解不仅能够显示你的专业，而且也能建立客户对你的信任。同时不要忘了抓住客户感兴趣的方面，重点宣传，吸引客户，激发他们对产品的兴趣，促成他们购买。

耐心地听别人说话，自己所说的每一句话才能为人所重视。虽然面对一个喋喋不休的人难免会产生厌烦的心理，但如果你能够耐心地听完对方的话，并帮忙分析问题，会比你打断对方起到更好的效果。不吝啬你的耐心会帮助到对方，也会帮助到你。

总而言之，如果你想成为一名优秀的谈话家，就做一个耐心听讲的人。说话是为了交流，不是一个人的事情，要明白问题的实质，需要耐心地静听，不要认为对方的唠叨是幼稚或无知的行为。耐心会让人感觉你的态度是理解、接受和赞同。当你的态度得到认可后，信赖和真诚就会在双方之间达成。

做一个耐心的倾听者要注意以下几点：

（1）对讲话的人表示称赞。 这样做会营造良好的交往气氛。 对方听到你的称赞越多，他就越能准确表达自己的思想。相反，如果你在倾听过程中表现出消极态度，就会引起对方的警惕，对你产生不信任感。

（2）全神注意倾听。 你可以这样做：面向说话者，同他保持目光的亲密接触，同时配合标准的姿势和手势。 无论你是坐着还是站着，与对方要保持在适宜的距离。

（3）以相应的行动回答对方的问题。 对方和你交谈的目的，是想得到某种可感觉到的信息，或者使你做某件事情，或者使你改变观点，等等。 这时，你采取相应的行动就是对对方最好的回答。

（4）别逃避交谈的责任。 作为一个倾听者，不管在什么情况下，如果你不明白对方说出的话是什么意思，你就应该用各种方法使他知道这一点。 比如，你可以向他提出问题，或者积极地表达出你听到了什么，或者让对方纠正你听错的地方。如果你什么都不说，谁知道你是否听懂了。

（5）对对方表示理解。 这包括理解对方的语言和情感，可以使对方感到亲切，受到鼓励。

做个好听众，适时发表个人意见

有的人总喜欢一直复述相同的事情，有的人喜欢把一些老笑话当新的笑料。这个时候要能够耐得住性子。表面上要显得有耐心，可以在心里告诉自己他的记忆力不够好，同时对他表示同情。如果对方十分有诚意，你也要真诚地和他交流。但是假如对方的话你不感兴趣，那就需要采取其他方法不让他继续下去，最好的方法就是转变谈话的内容。

交流时，人们最讨厌不真诚的人，而人们又喜欢互相恭维。

交流时，人们最不喜欢自以为是的人，但有人会觉得其他人都羡慕崇拜自己，反而受到他人的鄙夷。

人们最不喜欢和毫无反应的人交谈，要对别人说的话有所反应。不时地点头赞许；时不时赞同别人的看法和意见；偶尔提出自己的意见；假如对方说的话都很精辟，大可真诚地加以赞赏。

不仅要学会做一个好听众，还应该适当陈述自己的观点。尽量不说与其无关的话；更加不能三心二意、顾左右而言他；也别做出心不在焉地看手机、换姿势、玩手机等令人厌烦的动作。

在一些正式的交际场合，不问男士关于钱的问题，对女士不要询问年龄。不要直接问他人的工作、背景、家庭等个人隐私的相关问题。和女士交谈的时候切忌说胖瘦、身高、体形等，不要追问对方回避的问题，更不要打破砂锅问到底。如果不小心涉及别人的敏感问题，要适时表达歉意，或马上换一个话题。

在和他人的交流中要忽视自己，别一直说自己的生活、家庭和工作。要留给对方充分的时间表达，让对方说他们自己的事情，要用真诚的态度去聆听。这样，对方会很高兴，对你的印象也会比较好。

要时刻注意自己的用词，不可太过刻薄。

言语刻薄的人，知道自己说的话很伤人，反而以此为乐，这就是一种病态心理。之所以这么做，也是有原因的，他是被环境诱导误入歧途的。

第一，这些人一般都比较聪明，并有点自负，但人们又不认同他们的聪明，让他们觉得怀才不遇。第二，这些人的自尊心很强，希望得到他人的尊重，然而现实却相反，所以他们比较敌视他人。第三，心里有所仇视，一直找不到发泄的出口，又无法提高自身的修养，也就只能肆意发泄。因为容易受到刺激，凡是和他有所接触的人都会成为他的发泄对象。他觉得他人都很可恶，不管是否有过节，都会伺机突施暗箭。这样的人很容易失败，不容易成功，家庭内部，就连他的家人也难以忍受他的这种行为；交际圈里，别人也会跟他对着干，最后变成他人的共同敌人。因此，言语太过刻薄会伤及他人，最后还是害了自己。

如果不爱听他人讲的话，大可不听不闻；如果对他人的行为看不顺眼，大可眼不见心不烦，不要锱铢必较，切忌伺机报复、对着干。这样使对方感到难堪的同时，也让人觉得自己没有气度。

说话要深入浅出

1. 语言要通俗易懂

口语表达和书面表达不同。 书面语表达遇到难懂的词语，可以查字典；遇到不易理解的句子，可以慢慢琢磨。 说话要深入浅出、通俗易懂，就应该做到：

（1）要使用规范的词语。 我们说话时要尽量使用规范的词语，少用别人不熟悉的方言、生僻词或文言词等。 叶圣陶先生历来不赞成口语表达使用文言语句，他说："文言文的字眼和语句夹在口语写的文章里会让人觉得很不舒服，仿佛看见眉清目秀的面孔上长了个疙瘩。"因此，他热切地希望人们从文言词句的"旧镣铐里解放出来"。 特别是那些没有文言功底的人，更不要去"捡起那副旧镣铐套在自己的手脚上"。 其实，不光是文言语句，像方言、生僻词语，也是束缚人们日常口语表达的镣铐，人们应当多加注意。

（2）要使用大众化的口语。 口语较典雅庄重、准确精练的书面语，具有简洁明快、生动活泼的特色。 因此，我们要想使自己的表达通俗易懂，最好采用口语化语言，尤其是大众化的口语，以贴近生活的本来面目。 这种做法深受鲁迅先生赞同，他主张要"将活人的唇舌作为源泉"，"博采口语"。 毛主席也倡导同志们向人民群众学习语言，因为"人民的语汇是很丰富的，生动活泼的，表现实际生活的"。

2. 要善于使用比喻

卡耐基在《语言的突破》中说过："有时你辛辛苦苦地忙

了半天，结果却徒劳无功。"虽然你自己心里十分明白，可是，要想使听众像你一样明白，就必须深入地解说。怎么办？可以试图打个比方，试说这一件事像另一件事，将一件陌生的事说得像听众所熟悉的事，即所谓的"比喻"。比喻，可以变陌生为熟悉，把深奥抽象的道理表达得浅显具体，把平淡无奇的事物描绘得生动形象。例如：

> 一次，苏联政治家加里宁向某地农民代表讲解工农联盟的重要性。尽管他的论证详尽严谨，听众仍不明白他所说的究竟是什么。有人问："什么对苏维埃政权来说更珍贵？是工人还是农民？"
>
> 加里宁反问道："那么，对一个人来说，什么更珍贵，是右脚还是左脚？"
>
> 全场静默，突然掌声如雷。农民代表们都笑了。

一大堆抽象的道理没能说服农民代表，一个小小的比喻却做到了。

3. 要善于使用短句子

实践证明：句子越长，结构越复杂，越难读懂、听懂；句子越短，结构越简单，越容易读懂、听懂。因此，在讲话时，我们应该避免使用长句，多用短句。

> 1963年，周恩来在党中央和国务院直属机关负责干部会议上的报告中，着重讲了反对官僚主义的问题，列

举了官僚主义的二十种表现，以下是其中四种：

第一种，高高在上，孤陋寡闻，不调查研究，不抓具体政策，不做政治思想工作。这是脱离领导，脱离群众的官僚主义。

第二种，狂妄自大，骄傲自满；主观片面，粗枝大叶；不抓业务，空谈政治；不听人言，蛮横专断；不顾实际，胡乱指挥。这是强迫命令式的官僚主义。

第三种，从早到晚，忙忙碌碌，一年到头，辛辛苦苦；对事情没有调查，对人员没有考察；发言无准备，工作无计划；既不研究政策，又不依靠群众，盲目单干，不辨方向。这是无头脑的、迷失方向的、事务主义的官僚主义。

第四种，官气熏天，不可向迩；唯我独尊，使人望而生畏；颐指气使，不以平等待人；作风粗暴，动辄破口骂人。这是老爷式的官僚主义。

4.说话要注意真实性

"实事求是"体现在我们的口语表达中就是"真实"两个字。

符合客观实际、言之有物的话就是真实。 说话应符合真情实感、言由心发，不说假话。 说大话、说假话只会连累自己。

1983年，山东某大理石厂引进了国外先进设备。1984年投产，1985年形成了生产规模，当年利润180万元，成为当时全国石材行业的老大哥企业。这时候，从企业领导到一般工人都沾沾自喜、不思进取。结果第二年就出现大滑坡，利润急剧下降了 80% 之多。恰巧此时，国家建材局长来考察工作，当时的矿长汇报工作时的第一句话就说："我们的企业全国居第一，全世界居第二……"

听了那位矿长的话，局长大吃一惊，不高兴地打断了他的话："谁是世界第一呢？"

矿长对局长的这个问题显然始料未及，无言以对。

局长又问："你出过几次国？都去过哪些国家？"

矿长满头大汗，张口结舌："我……我去过一次日本……"

局长生气地说："你仅去过日本，日本又不生产石材，连石材王国意大利的国门都没踏上，就敢说世界第二？"

矿长面红耳赤，无话可说。

这位矿长说话凭空设想，最终害了自己。

5. 说话语言要规范

我们说话时，不仅要求内容真实，形式也要规范。因此，要注意以下几点：

（1）语音要规范。规范的标准是说标准的普通话。说话者的发音准确与否直接关系到听话者的理解是否正确。

有一位老师去一所小学给一年级的小朋友做宣传演讲。她刚刚走上讲台，就拿出一张小图片，双手举着说："小朋友，大家请看小肚皮（图片）。"孩子们一听要看小肚皮，纷纷解开衣扣。因为图片的遮挡，老师并不清楚小朋友现在的举动，便又问："小肚皮（图片）上有什么？"孩子们异口同声地答道："肚脐眼。"

原来，这位老师的发音有歧义，使孩子们误会了。

（2）遣词要确切。 单独一个词的存在是无所谓恰当与否的，但如果这个词用在句子中，与其他词发生结构上的关系时，就有正确不正确、恰当不恰当的问题了。 而且，词义还有大小，色彩还分褒贬。 这就要求我们根据说话对象和内容准确用词。 既不能大词小用、小词大用，也不能褒词贬用、贬词褒用。 当然，修辞手法除外。

小王的亲戚张大妈和儿媳总闹矛盾，为劝她们和睦相处，小王给她们写了封信。信中有这样一句话："你们不要总吵架，让别人笑话，应该肝胆相照，和平共处……"

小王在这句话中就大词小用了。 "肝胆相照，和平共处"应用于国际关系，用在这里，极不准确。

与小王相反，外事局的张局长又犯了小词大用的毛病。

一天，张局长与一外国访问团座谈。张局长在座谈结束时总结发言说："不管国际风云怎样变幻，我们两国都要抱成一团儿……"

"要抱成一团儿"应该用于个人之间的关系，显然不能用在两国关系上。

另外，有些词还有习惯用法。对这些有习惯用法的词，一定要按习惯使用，不能随意用其他词语代替。否则，就无法正确地表达思想。

一天，某领导主持一个追悼会，本该说"请默哀三分钟"，却说成"请难过三分钟"。三分钟过后，他还没想起"默哀"一词，于是，只好说："现在难过结束。"

"默哀"与"难过"是同义词，但在追悼会上，习惯说"默哀三分钟"，而不说"难过三分钟"。这是约定俗成的规矩，不能改变，这样一改，就显得有些不伦不类了。

（3）停顿要恰当。停顿是指句子中间、句子之间、段落之间和层次之间的间歇。说话时该停则停，否则会影响听者的理解。

在单位的例行总结会上，一位领导同志做报告时说："通过这次调整工资，极大地调动了职工的积极性，加了工资的和尚，未加工资的同志，都纷纷表示……"此"妙语"一出，全场听众哗然，纷纷揶揄道："我们不是寺庙，何来和尚?"

"怪不得我们这些人没涨工资，原来指标都给庙里了!"

照顾对方的情绪，别自说自话

在谈话交流的过程中，人们总喜欢让别人当听众，而忽略了听话人的情绪。事实上，这是一种非常严重的失误。在与人交流时理应注意照顾对方的情绪，最好不要只顾自己说，要让对方也发表自己的意见，而且在对方说话时最好表现出认真的样子。

只顾自己讲话而不照顾对方情绪的人，容易给人一种自以为是、盲目自大的感觉，会引起他人的反感。同时，自己也会因为得不到回应而感到沮丧。一个人要想获得精神上的满足，要服役于别人，忘掉自己的利益，而为别人的利益着想。所以，在谈话时照顾对方的情绪不仅是取悦别人，也是在取悦自己。

  李教授到火柴厂做报告，他在谈到某些违反职业道德，不讲产品质量的问题时，提出了经常看到半盒火柴在市场上销售的事例。作为火柴厂的职工听了这话当然不高兴了。听众神色暗淡，小声议论，讲话者已经感觉到了，很后悔不该在这个场合说这种话。为了挽回影响、照顾听众的情绪，他便有意讲了希腊神话中关于普罗米修斯冒犯宙斯为人类盗取火种的故事，以此来赞颂火柴厂的职工对社会的贡献。然而，他的这番好话，听众依然难以接受，反应冷漠。

案例中的李教授在一开始没有照顾听者的情绪，将火柴厂职工作为演讲的反例，自然让听者感到厌烦。这就说明讲话者在讲话过程中要时刻注意不能仅凭自己的主观意图去说服对方，而是要从说话的场合和听话的对象的实际情况出发，照顾到听众的情绪。只有照顾好对方的情绪才能恰如其分地做出反应。

那么怎样才能在谈话中照顾他人情绪呢？其实要做到这一点并不难，很多时候只要说话者在语言表达方面多花些心思就行了。例如，某厂长为一位来企业参观的外商介绍自己的企业，而对方在介绍的时候表现出了不耐烦，厂长及时地觉察到了这一点，为了照顾对方的情绪，厂长完全可以运用适当的谈话技巧，用适当的表达方式来说一些外商关注的事。

丽丽毕业后，如愿以偿地到一家报社当记者。在试用期里，她一直保持着淑女般的矜持，从不随便讲话。不过让她感到困惑的是，不知道为什么同事们喜欢议论编辑部主任的私生活。这让丽丽很反感，但她又只能忍着。她心里清楚，这些同事工作经验丰富，能力也强，倘若说出自己的感受，一定不会有什么好下场。

私下里，丽丽一直都很苦恼。考虑到自己现在所处的情况，她明白如果要让其他的同事不在自己面前谈主任的私生活，就必须直接告诉他们不要在自己面前说，而且说的时候必须要照顾好对方的情绪。这一天，静姐又在与她大谈主任的私生活，丽丽于是趁机用温和的语气说道："静姐，我是新人，有些话你们敢说但我不能说。如果我说了，在单位就很难待下去了，所以以后你就照顾一下我，不要再跟我说这些了，好吗?"

自此以后，再也没人在她面前谈论主任的私生活了，最后她也如愿以偿地留了下来。

丽丽说的话虽然简单，但却抓住了静姐的老员工心态，在说话的时候将自己放低，对静姐动之以情，照顾了对方的情绪，达到了自己的目的。如果丽丽自命清高地制止他人的闲谈，她一定会在无形中得罪同事;如果丽丽与无聊的同事同流合污，倘若传到上司那里，吃亏是自然的事。

著名推销员克里蒙·斯通说:"起初，我一直试着向每一个人推销。我赖在每一个人面前不走，直到把对方累垮。而我在离开他之后，也是筋疲力尽。"很显然，这样做的效果对于推销业绩无所助益。

后来，克里蒙·斯通决定:"并不一定要向每一个我拜访的人推销保险。如果推销的时间超过预定的长度，我就要转移目标。为了使别人快乐，我会很快地离开，即使我知道，如果再磨下去他很可能会买我的保险。"

谁知这样做竟然产生了奇妙的效果，克里蒙·斯通的订单竟然与日俱增。因为有些人本来以为他会磨下去的，但当他愉快地离开他们之后，他们反而会来找他，并且说:"你不能这样对待我。每一个推销员都会赖着不走，而你居然不再跟我说话就走了，你回来给我填一份保险单。"

任何人都不喜欢别人喋喋不休地向自己宣传，也不希望对方夸夸其谈，毫不在意自己的感受。在有些场合，你在发表自己的言论时，其实决定权在对方的手中，因为他是受众，当他肯定了你的言论，你说的话才是有效可行的。喋喋不休只会让人心烦，对你失去信任与耐心，由此产生强烈的逆反心理，所以如果你经常啰唆不已，就要记得提醒自己不要浪费别人的时间。

在谈话中照顾对方的情绪是谈话顺利进行的保障。照顾到他人情绪的谈话者，才能避免在谈话中伤害到他人。然而，很多人都在谈话中忽视了对方的情绪。一味只顾自己说话，将谈话的重点放在自己身上，只谈自己感兴趣的事，有时甚至把对方想说的话也抢来说的人，会让对方产生不尊重自己的感觉，令人顿生厌恶之感。因为不懂得照顾对方情绪的人，根本就不知道如何尊重别人。因此，在与他人进行对话时，我们要学会照顾对方的情绪，注意说话的方式和分寸，千万不可因忽略了对方的情绪而让对方对你产生敌意。

"良言一句三冬暖，恶语伤人六月寒。"有的人说话，会让人有如生吞苍蝇，恨不得把对方的话全部奉还回去；有的人说话，则让人如沐春风，不仅悦耳，而且悦心。要想让自己说出的话更悦耳、更悦心，我们在说话时就要多斟酌，注意听话者的心理与情绪，以己之心去度人之心，自己希望听到什么样的话、厌烦听到什么样的话，别人也是同样的心思。三思而后言，充分考虑别人的感受与心理，这样说出去的话，才能入耳入心，打动他人，才能为我们赢得更融洽、更紧密的人际关系。

求同存异，交谈中掌握主动权

　　如何在求同存异的过程中掌握主动权，是对人们语言运用能力的考验。 求同存异是为了说服对方，对双方的矛盾和问题采取回避和保留的态度，尽量寻找双方的共同点，谋求一致，以便统一行动。 拥有主动权就能够让自己的观点在众多的观点中得到他人的认可，获得支持。

　　　　二次革命失败后，革命党内部军心涣散。为了激发士气，重整旗鼓，孙中山决定将革命党改组为"中华革命党"并制定了新的入党誓言。其中一句为"愿牺牲一己之生命自由权利，附从孙先生再举革命"的话，并要求入党人在誓言上加按手印，这一做法引起了党内部分人士的不满，以黄兴最为激烈。他认为，这些条件不合理，"前者不够平等，后者近似侮辱"。他批评孙中山"反对自己所提倡的平等自由主义，只是以人为治，效仿袁世凯的做法"，要求孙中山予以更改，矛盾一时难以调和。

　　　　孙中山回答说："要知道过去革命所以失败最大的原因，就是不肯服从一个领袖的命令。我们现在要使革命能够成功，以后党内的一举一动，就要领袖来指导，由全体党员去服从。至于哪一个人来做领袖，这是没有关系的。假使你黄先生愿意当领袖，我们就可以在誓约内写明'服从黄先生'，我当然也根据誓约来服从你。

如果你不愿意当领袖，就由我来当领袖，那么你就应该服从我。至于誓约上要按手印，完全是表示加入革命的决心，绝不含侮辱的意思。"

但是，黄兴仍然拒绝参加中华革命党。在中华革命党召开成立大会前夕，他告别孙中山，前往美国。临走时，他向孙中山表示："我不是存心和先生对立。"他保证："如果有机会，我会尽职尽责，保证与先生的革命目标保持一致。"

黄兴到美国后，他并没有独树一帜，或把孙中山与自己的分歧公之于众。他以孙中山为旗帜，致力反袁的大目标。即使在孙、黄出现严重分歧的情况下，黄兴还是应胡汉民等之托写信给章士钊，请其来主编中华革命党的机关刊物《民国》杂志。

孙中山与黄兴对这场争论，都求同存异，保留自己的观点、主张，寻找到了双方的共同点，那就是中国革命。孙中山在求同存异的过程中允许有不同的声音与意见，给出的理由让人信服，自然就获得了交流沟通的主动权。

当矛盾双方面临共同目标、共同利益的时候，应求同存异，放弃前嫌，谋求一致，共同对敌。求同存异要求说服对手时，尽量找出双方的共同点，尽量避免或者保留彼此之间的分歧，抓住主要方面就能够掌握交往的主动权。

李老师与高老师都是某高校的老师，也是某一课题组的主要负责人。在一次小组讨论中，对于如何更好地进行课题研究，二者出现了分歧，一时也很难进行调解。李老师说："我们应该针对无锡纺织厂进行实际调研，这样才能掌握一手研究资料，更好地找到他们存在的问题，给出具有可行性的建议。"

高老师则认为："我们现在人力与资金都比较缺乏，很难进入工厂开始实际调研，而且还存在一个比较关键的问题，那就是无锡纺织厂会不会同意我们的介入，会不会对其日常生产工作造成较大的影响，这些都是未知因素，存在一定的风险。再加上课题结题时间在即，进行实地调查所需时间又较长，是不是能够按时完成课题研究……"

高老师把进行实地调查的困难给予阐述，在讨论的时候并没有否决李老师的观点，但是实际上高老师已经掌握了这次小组讨论的主动权，因为其列出的困难在目前的情况下是很难克服的。李老师听了这些话，也开始认可高老师的看法。

求同，谋求目标一致、利益一致、行动一致，顾全的是大局；存异，是在存在不同意见的时候，能够尊重对方，保留对方的意见与看法，在这一过程中尽可能地说服对方认可与赞同自己的观点与做法，掌握交流中的主动权。这就像两个小孩斗嘴抬杠，一个说某样东西好，另一个偏偏说另一个东西好，谁也不让谁，这时候就要找到一个求同存异的方式，两个东西都好，但是都存在一定的不足。谁先讲出这个道理，谁就在这次争论中掌握了主动权，就可能会赢得对方的认可。

海蓝与凤珠是同一家公司的员工，也几乎是同一时间进公司的，他们俩对一个问题经常很难达成一致的意见。一次，海蓝与凤珠同时看到公司的公告上说，早上上班迟到一分钟就要扣掉半天的工资。海蓝就对此发表自己的看法，说："公司制度太不人性化了，虽然迟到是不对的，但是也不能这么苛刻呀。"凤珠是公司的 HR（人力资源），说："公司制定管理制度是必然的，目的是要让公司能够规范化管理。治理迟到现象，罚款是一个主要手段。只有进行经济惩罚才会有立竿见影的效果。"接着又说："迟到一分钟，扣半天的工资是有点不人道，但是重罚才会有效果，悖论循环……"接着，海蓝又插嘴说："你们人事也太不考虑员工的感受了，况且北京交通又这么差，难免会迟到的……""这也不是我们能够决定的，这是领导给的意见，我们也没有办法，你们可以去找领导说。"凤珠回应说。海蓝深知领导的脾气，说一不二的，也就悻悻地走了。

海蓝听了这些话，虽说仍在抱怨着，但是语气相比之前变得平和了许多。在保留对方观点的同时给出自己的看法，就会给对方留有一丝余地，也让对方更易于接受自己的意见，也就在求同存异的过程中掌握了交流的主动权。求同与存异是辩证存在的，犹如形与影一样，不可须臾分离。在求同的过程中运用求异思维，在异中寻找共同之处，找到了这个共同点，就掌握了交流的主动权。

第六章

完美回应：回话比说话更重要

用谦虚的态度回应他人

茅盾说："只有竹子那样的虚心，牛皮筋那样的坚韧，烈火那样的热情，才能产生出真正不朽的艺术。"谦虚自古以来就被视为一种美德，因为不谦虚的人很难获得大家的一致认同。 我们即便十分自信，也还是要谦虚一些，尤其是要用谦虚的态度和人说话。

人们都喜欢说话态度谦虚和善的人，讨厌态度傲慢、高人一等的人。 如果想得到别人的喜欢，说话态度谦虚必不可少。不目空一切、居功自傲，适当使用敬语，请人评判自己的意见，这是态度谦虚的主要表现，也是基本要求，做到了，也就能讨得别人的喜欢。

在职场中，当你明显比同事强时，你在感情上还是要和大家在一起，千万不能与他们拉开距离，同事们也就不会再嫉妒你了，同事也会在心里承认你的"优位"是靠自己努力换来的。 当你处于优位时，注意突出自己的劣势，就会减轻妒忌者的心理压力，产生一种"哦，他也和我一样无能"的心理平衡感觉，从而淡化乃至消除对你的嫉妒。

"小姜毕业一年多就被提为业务经理，真了不起，大有前途呀！祝贺你啊！"在外单位工作的朋友小叶十分钦佩地说。

"没什么，没什么，老兄你过奖了。主要是我们这儿水土好，领导和同事们抬举我。"小姜见同一年大学毕业的小吴在办公室里，便压抑着内心的欣喜，谦虚地回答。小吴虽然也嫉妒小姜的提升，但见他这么谦虚，也就笑盈盈地主动与小姜的朋友小叶打招呼："来玩了？请坐啊！"

不难想象，小姜此时如果说什么"凭我的水平和能力早可以提拔了"之类的话，那么小吴不妒忌才怪，进而与小姜难以相处。身在职场处于优势地位时，自然是可喜可贺之事。如果别人一奉承，你就马上陶醉而喜形于色，这会在无形中加强别人的嫉妒。所以，面对同事的赞许恭贺，应谦和有礼、虚心，这样不仅能显示出自己的君子风度，淡化同事对你的嫉妒，而且还能博得同事对你的好感。

要做到谦虚地回应他人，就应注意以下几点：

1. 不目空一切、居功自傲

有的人做出一点成绩，取得一点进步就飘飘然起来，跟谁说话都趾高气扬，到处夸耀自己，搞得大家都为之侧目。

小志是一家广告公司的职员，他设计的一件平面广告作品得了一项大奖，经理在员工大会上大肆表扬了他一番，并让他升任主管。小志认为自己是个人物了，从此以"专家"自居。

一次，经理接到一个平面设计任务，请小志来评价评价。小志唾沫飞溅地说了半个小时，批得体无完肤，最后结论是：应该返工重来。经理对这个设计本来比较满意了，听了小志的话后极不高兴，从此疏远了他。

又过了两年，公司里另一个职员小谦也得了广告大奖。他吸取了小志的教训，说话非常谦虚，态度和善，很得大家喜欢。

2. 适当使用敬语

敬语能表现说话者对对方的态度。因此，对听话者来说，可以根据对话是否使用敬语，了解到对话人把自己置于什么地位。例如，科长想请新职员去喝酒，叫道："你也来吧！"如果职员回答"好，去"会怎样呢？科长会认为新职员不理解对上司应使用的语言，看低了自己，内心是不会平静的。这样一来，科长就会用另一种眼光看他。由于没有使用敬语，招致对方改变对自己的态度，日后两人的关系将会变得微妙。

常常听到有人发出类似这样的感慨："近年来，年轻人连敬语的使用方法都不知道，真可气。"这就是虽然一些年轻人没有恶意，却由于没有使用适当、确切的敬语，致使人与人之间的关系产生了风波的明证。

与其相反，使用适当的敬语，不仅能使双方正常地保持人际关系，还会提高别人对你的评价。特别是对女职员来说，更是如此。有人说："适当的时候，使用适当的敬语对女性来说是语言之美的至高境界。"的确这样。想想看，与前述相同的场面，如果对于"你也来吧"回答说："好，一定参加。"就会使人多少有些美感。心目中对上司抱着什么态度，从语言中可以大体看出来。这种语言的运用，可以协调上级与部下、年长者与年轻者之间的关系，使听的人感到舒服。因为那种语言会使人感觉到你有教养，感情丰富。

3. 要请人评判自己的意见

我们可以看到，许多真正伟大的人物，总是很谦虚地请别人评判自己的意见，因而获得别人的赞同。以谦虚的态度表示独到的见解，对使别人信任我们的意见及计划都很有效用。我们知道，多数成功的领袖，也常常应用这个策略。

有的时候也需要争辩，比如两个喜欢辩论的朋友，经过一次辩论，也许对于双方都是有益而愉快的。

美国前总统威尔逊曾经对鲍克接连问了一小时的问题，使得他不得不拥护在他自己看来绝对相反的意见。但到了最后，威尔逊使鲍克感到吃惊的是，他告诉鲍克，他已经改变了主意，他已经醒悟了，而从另外一个角度去观察这个问题。鲍克非常吃惊，从此对威尔逊更加敬重了。

这种策略，可以当作是能够引起友爱的一种方式，但不可不说是常例。其实，别人可能在种种方面与我们意见不一致，这是可以预料的事情。如果和对方争辩之后，还能请他来评判一下自己的意见，他就会认为你是个谦虚的人，而对你的印象更加好。

不要轻易否定对方

话为心声，也为情声。 生活在这个复杂的社会里，人与人之间的交往是沟通感情的基础。 人非草木，孰能无情？ 在日常生活中，与他人谈话，一定不要轻易使用否定的语言回应对方，每个人都渴望从他人那里得到认可和肯定的回应。

美国著名心理学家卡瑟拉博士曾经颇富成效地帮助过许多人，使他们走出低谷，步入佳境。 有人问道："卡瑟拉博士，你帮助别人，最倚重的是什么？"卡瑟拉博士毫无遮掩地公开了她的秘诀："我使用一种奇妙无比的方法，它具有一种神奇的力量，使我能够让哑巴讲出话来，让灰心失望的人展露笑容，让婚姻遭遇不幸的夫妻重新和睦。 接受我诊治的人，无论是精神分裂症患者还是正常人，这种力量都是我所知道的所有力量中最富效果的。 这种力量就是——在回应对方的时候给予对方真诚的鼓励和肯定，而不是否定对方。"

然而，并不是每一个人都能做到这一点。 在与别人交谈的过程中，有些人会不自觉地伤害到对方。 表面上看起来，他们没有做出什么无礼的举动，也没有谈论到不愉快的事情，但只要交谈的时间一长，就会让人感到疲惫，只想快点结束谈话。 原来，这种人与交谈者的交谈方式存在着很大的问题。 影响对方情绪的交谈方式，并不单纯是指口才水平。 有时，口才好的人反而更让人厌恶，因为在交谈中，他们喜欢否定对方的观点。

小欣："今天的天气真热啊！"

小琳："是啊！可是昨天的天气比今天还热。"

小欣："这么热，最好是吃凉面！"

小琳："难道你不知道吗？凉面是冬天吃的东西哦！在酷热的夏天，吃冰凉的食物对身体不好。除了凉面还有没有更好的东西呢？"

小欣："你觉得鸡汤怎么样？"

小琳："这么热的天，吃那种东西会出一身汗啊！还是吃凉菜和米饭吧！"

上面的谈话中，乍一看小琳说的话并没有什么不对的地方，好像也并没有什么会影响小欣情绪的内容，但如果这番对话持续下去，小欣必然会感到极度疲劳。那是因为，无论小欣说出多么平常的话题，小琳都会持否定的态度去否定对方的话，即使她同意小欣对天气的看法也会绕个弯予以否定。

事实上，像上面的这种对话方式，会让小欣很快发觉小琳不但不接受自己的观点，还不停地反驳，说出的话都一一反驳回来，因此会在不知不觉中感到压抑，甚至会产生对方不尊重自己的想法。如果跟小琳这类人谈话，为了得到她的认可，而忙于挑选顺应对方的话题，就会一直处于疲于应付的状态。可想而知，这种交谈无论如何都让人愉快不起来。

每个人都应牢记这样一个回应对方的原则，那就是不要轻易否定对方，因为你的一句否定很容易给对方造成创伤，甚至会留下很深的伤痕。这是因为人类大脑中管理情感的区域拥有很强的记忆力，因此你永远都无法抹去创伤所烙下的疤痕，而且每当遇到类似的情况时，潜伏在内心深处的伤痛就会死灰复燃。

无论遇到什么样的情况，都不能说出否定别人的话。 关于这一点，我们都该向石油大王洛克菲勒学习。

有一次，洛克菲勒的一个合伙人爱德华·贝德福特，在南美的一次生意中使公司损失了100万美元。然后，贝德福特丧气地回来见洛克菲勒。洛克菲勒本可以指责他的过失，但是他并没有那样做，他知道贝德福特已经尽力了，更何况事情已经发生了，不能因此就把贝德福特的功劳全部抹杀。于是，他极力寻找一些话题来安慰贝德福特。他把贝德福特叫到自己的办公室，对他说："这太好了，你不仅节省了60%的资金，而且也为我们敲了一个警钟。我们一直都在努力，并且取得了几乎所有的成功，可还没有尝到失败的滋味。这样也好，我们可以更好地发现自己的错误和缺点，争取更大的胜利。更何况，我们也并不能总是处在事业的巅峰时期。"几句话下来，说得贝德福特心里暖洋洋的，并下决心准备东山再起。

洛克菲勒在爱德华·贝德福特给公司带来重大损失的情况下，也没有否定对方，反而给了其温和的赞美和鼓励，这正是爱德华·贝德福特需要的。 事实证明，洛克菲勒的做法极其正确，爱德华·贝德福特在后来为公司带来了可观的利润。 由此可见，无论什么时候都不应该用否定的话轻易否定一个人，人都是脆弱的，有时候你的一些否定的话，可能会给他人带来难以磨灭的负面影响。

在办公室，有年轻的女同事美容回来了，问一男同事怎么样。一般应该说："不错，很好。"而他却是有好说好，有坏说坏。他曾经说同事眉毛不该描，描成假的，没有原来真的好看。弄得人家心情大坏，半天不说一句话。又比如有一次，一位女同事买了一件新衣服回来，非常高兴地问他好不好看。他实事求是地来了一句："衣服颜色与你的皮肤不般配。"害得人家衣服穿在身上也觉得不舒服。

在与他人谈话的时候千万不要轻易否定别人，每个人都有闪光的一面，对别人说"你能行"不是奉承，而是给对方寻找自己闪耀点的支撑，因为他今天可能是个庸人，明天就可能是某个领域的先驱。

实话婉说，直话巧说

那么，该如何才能做到巧说呢？ 怎样才能既让人听了顺耳，又能使人欣然接受呢？ 下面介绍几种方法：

1. 由此及彼肚里明

两个人意见不一，如果"实话实说"，或者直接反驳就会有伤友谊。 这个时候就需要采取这种方法，以避免纠纷。

一次事故中，主管生产的副厂长老马左手指受了伤，在医院接受治疗，厂长老丁来病房看望时，谈到车间小吴和小齐两个年轻人技术水平较高，但不受纪律管制，想让他们下岗。老马当时没有表态，只是猛地抓着手指大叫。丁厂长忙问："疼了吧。"老马说："可不是，实在太疼了，干脆把手锯掉算了。"老丁一听忙说："老马，你是不是疼糊涂了，怎么能因为手指疼就锯掉手呢？"老马说："你说得很有道理，有时候，我们看问题，往往会有些片面。老丁，我这手受了伤需要治疗，那小吴和小齐……"老丁马上明白了，忙说："老马，谢谢你开导我，这事我知道该怎么处理了。"老马把手有伤需要治疗类比人有缺点需要改正，进而巧妙地把用人和治病结合起来，不仅没使老丁为难，反而还维护了团结，成功地解决了问题。真是非常明智！

2. 藏而不露巧表达

用含义较多的词，委婉曲折地表态。

林肯当总统期间，有人向他引荐某人为阁员，因为林肯对这个人的品行不满，所以一直没有同意。一次，朋友向他询问原因。林肯说："我不喜欢他那副'长相'。"朋友一惊道："什么！你未免太严厉了吧，长相不是他能改变的呀！"林肯说："不，一个人超过四十岁，就应该对他那副'长相'负责了。"朋友当即领会了他的话外音，再也没有说什么。很显然，两人所说的"长相"，根本不是一回事。林肯巧妙地利用词语的歧义性，道出了"这个人品行道德差，我不同意他做阁员"这句大实话，在保护友谊的同时也达到了自己的目的。

实话婉说，直话巧说，是讲话的最高境界。 一个人如果能达到这一境界，即使再复杂的人际关系，也能轻松应付；即便是再难处理的问题，也会变成小菜一碟。

不该说的莫开口

与人交谈的时候，该说的话留一点，不该说的不开口。因为，说出去的话如泼出去的水，无法收回。任何人都无法预测一句话会造成什么样的后果，说不定哪句不合适的话就会惹来不必要的麻烦。这就要求人们在说话之前要深思熟虑，想好再说。

小燕在一家饭店当服务员，可刚上班一天就被老板炒了鱿鱼。原因是她问了一句不该问的话。

那天，饭店里的生意特别红火。小燕刚上班，就来了三位客人，她连忙过去，面带微笑地走向客人，准备为他们点菜。第一位客人点了一份鱼香肉丝，第二位点的是糖醋排骨，第三位点的是京酱肉丝。点完菜以后，三位客人又强调了一句：饭菜要干净一点。

不一会儿，这三位客人点的菜就做好了。小燕端着盘子出来，她一边朝三位客人就座的方向走去，一边大声问："这份干净一点的菜是你们谁要的？"

就因为这一句不该问的话，小燕丢掉了饭碗，因为这句话给饭店造成了很坏的影响。

说话不仅要根据情况的不同采取不同的表达方式，还要注意语言的使用，不要让人误解；否则，就违背了说话的最初目的。

　　几位大学生去敬老院慰问一位退休老教师，见面后问道："田老师，您老的身子骨真硬朗，今年高寿？"

　　老人家高兴地说："八十九啦。"

　　大学生继续说道："在退休老教师里面您可称得上是长寿将军了。"

　　老人家面带微笑地说："哪里，某某的年龄比我大，他已经九十高龄。不过，他去年到西天极乐世界去了。"

　　"唷，这回可轮到您了。"几位大学生脱口而出。老人家听到这里，脸色骤变，板起脸来把他们撵了出去。

　　其实，大学生们实际想说的是，长寿将军的光环该套在老人家头上了，可他们的言语的歧义使老人家误认为他们在咒自己死，结果他们原本是一片好意，却产生了负面结果。

　　祸从口出，语言不当会带来负面影响。所以，管不好自己的嘴，就相当于在自己身上绑了一颗定时炸弹。

　　那么，怎样才能说得恰到好处呢？不妨参考以下几点：

1. 不要多嘴多舌

　　生活中，免不了有这样一类人：心里藏不住话，听到什么、看到什么后，总喜欢说出来，就像大喇叭一样四处传播。所谓"病从口入，祸从口出"，说的就是多嘴多舌导致的后果。

　　有人认为："人长一张嘴不就是为了说话吗？"当然，人长了嘴巴不用是不可能的，但是说话要讲分寸。大凡处事精明的人说话时总会留一点，做到该说的说，不该说的宁可烂在肚子里也不说。

2. 不要使言语产生歧义

说话前，必须仔细斟酌所说之话是否会产生歧义，尽量把话说完整，这样才能赢得别人的好感，才算把话说得恰到好处。要知道，一句有歧义的话，很可能会破坏原本融洽的谈话气氛。

3. 说话时要经过大脑

说话前一定得看场合、看时机，权衡利弊。如果说话不看场合，不讲究方式方法，也不考虑后果，往往会惹出祸端。尤其是处世尚浅的年轻人，因为社会阅历少、经验不足，大有一种初生牛犊不怕虎的气势，不管什么场合，不论什么时机，口无遮拦、滔滔不绝。长此下去，必定会吃亏上当。

4. 不要充当"长舌妇"

日常生活中，因说话惹出风波的事情实在太多了。搬弄是非，捕风捉影，四处乱传，闲言碎语，添枝加叶，会给许多人造成痛苦和烦恼。

一位哲人曾说："害人的舌头比魔鬼还要厉害，上帝意识到了这一点，用他那仁慈的心特地在舌头外面筑起一排牙齿、两片嘴唇，目的就是告诫人们说话要有遮拦，深思熟虑后再说，避免出口伤人。"

言由心生，说什么样的话，首先要用脑思考。在每句话出口前，必须先经过大脑筛选，不让不当言辞溜出口。

说真话需要勇气，更需要智慧

　　说真话毋庸置疑是我们推崇的，人与人交往贵在一个"真"字，以真心方能换来真情，但是我们也会发现，在日常生活中，直言不讳地说了"真"话，却没能换来别人的好感，有时甚至让别人讨厌那个说真话的人，说真话的人没有得到应有的良好反馈。

　　其实，说了真话却没有换得真心和良好的反馈，问题并不在于说真话，而在于说真话的技巧或者智慧上。两个人表达同一个事实，完全可能收到不同的效果。

　　　南北向长街的东西两边各有一家医馆，两家医馆里的先生是同门师兄弟，医术不分伯仲，但是两家医馆的生意却大相径庭，街东边的医馆每天患者络绎不绝，还有好多外省的人慕名来瞧病，而街西边的医馆总是门可罗雀。

　　　一天，西街医馆的先生和东街医馆的先生一起在他们的老师家小聚，西街医馆的先生抱怨没人上他那瞧病，东街医馆的先生抱怨病人太多顾不过来。他们的老师知道这俩师兄弟医术不分伯仲，所以很奇怪为何他们坐堂的医馆生意会差这么多，他决定暗中查访一番。

　　　转过天来，他安排了一个正好得了风寒的小厮，吩咐了几句，让小厮乔装后分别去两家医馆瞧病。

小厮先来到街西边那家医馆，坐堂的先生给他号了号脉说："你得的是风寒病，别看风寒是小病，但是要是拖着不看最后还是会变成大病把人病死，你多亏来得早，不然怎么死的都不知道，我先给你开一服药你喝着，喝完再来复诊。"小厮听完那叫一个气，要不是奉命过来瞧病，他真想把那包药扔先生脸上。

小厮溜达一会儿后，又来到了街东边的医馆，照样让坐堂的先生给瞧病。

那位先生号完脉说道："啊，你这是风寒，小毛病不要担心，吃一服药就好了，回家后一定按方煎药按时服药，发发汗，保证药到病除。"小厮听完千恩万谢地走了。

回到老师家里，老师看了看两位徒弟开的药方，都是治疗风寒的好方子。但是等他听完小厮描述完在两家看同样的病，他的两位学生所说的话语后，老师顿时明白为何他的两位徒弟的医馆生意有如此差别了。

其实，两位坐堂先生说的话都是一个意思，即小厮的风寒喝点药就能好。 区别在于，两个人说的话虽然都反映了最真实的情况，但是西边医馆的坐堂先生说实话一点技巧都没有，他的实话让病人徒生恐惧和怒意，而东边的医生，说同样的内容，就能让病人如沐春风。

这个故事告诉我们，说话诚然要实在、要真实，但是也要注意技巧，了解禁忌，在说实话的同时，用幽默来软化语境，不失为一种让讲述者说出实话又不伤害到大家的技巧。

在人与人交谈的过程中，总会有一些让人不便、不忍或者会伤害到他人或是语境不允许直说的话题内容，这个时候就要将"词锋"隐遁，或者是把"棱角"磨圆一些，让语境软化一些，好让听者容易接受。

同时，不仅仅是为了自己身边的人，也不要让自己违心，我们还是有必要学会智慧地说实话。

一个法国出版商想得到著名作家的赞扬，借以抬高自己的身价。他心想，预先取之，必先予之，要得到一个大人物的好感和赞扬，必须先赞扬他。

这天，他去拜访一位知名作家。来到作家书房后，他看到作家的书桌上正摊着一篇评论巴尔扎克小说的文章，灵机一动，便说："啊，先生，您又在评论巴尔扎克了。的确，多少年来，真正懂得巴尔扎克作品的人太少了，算来算去，我觉得也只有两个人真的懂，其他的全都是趋炎附势。"

作家的思维多么敏捷，一听出版商说完，就明白了出版商的意图，但是他没说什么，仍然让他继续说下去。

"这两个人，其中一个就是您了。可是还有一个呢？您说，他应当是谁？"

作家非常厌恶这个出版商给自己脸上贴金的行为，但是又不能直接说"不管另一个是谁，反正不是你"。

作家想了想说道："那当然是巴尔扎克先生自己了。"

出版商本来美滋滋地等着作家夸奖自己呢，没想到作家这样回答了他，他顿时像泄了气的气球，悻悻地走了。

出版商想求得知名作家的赞扬，怀有目的地登门拜访。作家呢，对出版商的小九九洞若观火，但又不好直接拒绝、实话实说，就特别巧妙地把这个问题解决了。出版商把世间懂巴尔扎克作品的人确定为两个，一个，他自然要送给作家了；另一个，他是给自己预备的。但自己说出来，那太没涵养，况且自己认可的东西并不一定能得到作家的赞同，还是启发作家说出来吧。由此，出版商一直沿着自己的设计和思路，准备着一种情感——他期待着作家的赞扬，让作家指出他是懂巴尔扎克作品的人。

作家并不回绝对方的话，因为那太扫人兴了。但是，他有意漠视对方的"话外音"，一句答话，让对方的期待栽了个大跟头，作家回答的是，另一个懂巴尔扎克的人是巴尔扎克自己。于是双方没戏唱了，只好散场。

作家说出了实话，没有让自己违心，同时也没有把局面弄得很糟糕，这就是说真话的技巧。

中国有句古训，良药苦口利于病，忠言逆耳利于行。没有人否认说真话在社交活动和人际交往中的重要性，但是正因为是"忠言"所以会有很多棱角，会有很多不尽如人意的地方，此时我们就需要把忠言有技巧地说出来，让忠言不但能发挥自己的作用，同时也让忠言在发挥作用的同时不引起任何人的不愉快。

少说，话才有力量

1936 年 10 月 19 日，我国著名的文学家鲁迅积劳成疾，不幸病逝，举国为之惋惜而悲痛，不久之后公祭大会举行。

整个会场气氛压抑，空气好像铅块一样，公祭快结束时，邹韬奋发表演讲。邹先生走到台前，清了清嗓子，看到眼前站满了强忍悲痛之心的人，他缓缓说道："今天天色不早，我愿用一句话来纪念鲁迅先生：许多人是不战而屈，鲁迅先生是战而不屈。"说罢便离开了。

邹韬奋在公祭大会上的这一句话演讲，在当时的上海被人们誉为最具特色、最具力量的演讲。在天色已晚，人心透亮的情况下，不论说什么都只会让悲伤的人更悲伤。但是这一句话的演讲，分明让我们感受到话里边蕴含着极为丰富的内容——既有对当时政治战线、思想战线、文化战线上"不战而屈"的投降派的谴责，又有对鲁迅先生勇敢战斗、决不屈服的可贵品格的赞颂。哀而不伤，悲而不怨，既表达了对鲁迅先生的追思，又鼓舞人心，给人以力量，"不战而屈"和"战而不屈"，同样的四个字用不同的组合方式，老辣地批评了那些屈服的人，赞颂了鲁迅这样刚毅的人。这极其精练的一句话，对比鲜明，使高尚者更高尚，卑微者更卑微。

短短的一句话就能富含这么多作用，体现这么多内同。可见，话并非越多越好，言简意赅，说到点子上才是关键。

生活中不乏话多的人，每每到他说话的时候都会叨叨说不停，以为这样才能体现语言的力量。其实不然，话越多，说的话就越没价值，就越没力量。

据史书记载，子禽曾经请教老师墨子："老师，一个人说多了话有没有好处呢？"墨子回答他说："话说多了能有什么好处呢？ 这就好像池塘里的青蛙，它们整天地叫，即使叫得口干舌燥，也从来没有人注意它们；但是雄鸡却不一样了，它们只在天亮的时候叫两声，大家听到鸡啼就知道天要亮了，于是都注意到它们。 所以说，话说多了没用，要说在点子上。"子禽听后恍然大悟。

墨子的话告诉我们一个道理，我们说话，不在多而在精，只要能说到点子上，几句话就能解决问题。 我们应该用最洗练的语言表达我们的意思。 语言的精彩与否不在于话的多少，而在于是不是简练有用，是否能解决问题。

有一个误区是，很多人常常认为，好的口才是指能说会道、口若悬河、滔滔不绝，其实这是不对的。 相反地，喋喋不休不仅仅会暴露我们的缺点，还会让我们显得缺乏诚意，因此容易受到别人的轻视和怀疑以及产生一些其他负面的看法。

真正口才好的人，说话往往清晰明了、逻辑严谨。 事实上，口才好的一个体现就是让对方在短时间内听明白你的意思，而能够达到这一点的关键，就是语言简练。

有一次，艾森豪威尔应邀参加一个社团的演讲。在他之前，已经有五名演讲者逐一发言，其中不乏滔滔不绝的长篇大论。最后终于轮到艾森豪威尔上台了，那时已经将近天黑，台下许多听众都筋疲力尽，昏昏欲睡。艾森豪威尔环顾四周，说道："在我前面的几位先生的演讲十分精彩，加起来可以构成一篇耐人寻味的长篇小说了，我实在没有能力再加一个字，可是这篇文章应该加上一个标点符号，这样才显得完美，就让我来为这篇长篇小说加上一个结束的句号吧！"艾森豪威尔说完，就潇洒地走回到自己的座位上。结果，他的话语博得了满堂的喝彩。

鲁迅先生曾经说过："时间就是生命，无端地空耗别人的时间，其实是无异于谋财害命的。"说话简洁能给别人一种生机勃勃、聪明利索的感觉。 现代社会节奏快，时间观念强，每个人都追求生活的高效率，简单明了的交谈，能让我们迅速完成对话的目的——或是要了解什么，或是要说明什么，只要一点点时间都能解决。

那么，我们如何才能做到说话言简意赅呢？ 实际上，很简单，我们可以从以下几方面着手。

首先，要注重培养自己分析问题的能力。 透过现象看本质，只有我们对一件事情了解透彻后，才能分清这件事情中什么是重要的，什么是不重要的，这件事的内核是什么，掌握了这些，我们再向别人表述时才知道要说哪些内容，哪些内容是可以不说的。

其次，我们要尽可能多地掌握一些词汇。 中国文化博大精深，有时候一个特定的词语就包含了丰富的意思，如果能扩充这样的词汇库，那么就会精练你的语句，还让你显得很有文化。

最后，说话一定要条理明晰。 如果遇到复杂的问题，三言两语说不清，那就分条来说，在说每一条内容时抓住重点，这样，虽然信息量很大，内容很复杂，但是逻辑是清晰的，每一条内容是洗练的，所以能够很好地让人理解和接受。

值得我们注意的是，虽然我们强调说话的简练，但是一定要把问题说明白，不能为了少说而不说，说话得简明并非过于简单，这也要求我们言之有物。同时，我们也要注意说话态度，不要给人以"爱答不理"的不良印象。

总之，说话言简意赅，能帮助我们提高沟通效率，减少沟通成本，无论是节省时间，还是让别人觉得你可靠可信，都有很积极的意义，值得我们为之努力。

第七章

妙用幽默：最具感染力的说话艺术

把自己打造成笑谈高手

幽默具有一定的娱乐性，它往往令人捧腹而笑，忍俊不禁，使人感到舒适、轻松。幽默可以更好地晓之以理，以理服人，往往可以让人悟出深刻的道理。

在第一次世界大战期间，有人向美国总统建议，他有一个良策可以一举结束第一次世界大战。他说："在我看来，我们目前面临的问题完全是由于德国 U 形潜艇不断击沉我们的商船造成的。我提议，我们想个办法把整个大西洋烧开锅。这样，当大西洋的海水温度太高而使德国潜艇无法继续躲在海底的时候，它们就不得不浮出海面。而当它们真的冒出来的时候，我们可以以逸待劳，在海上张开罗网将它们一一擒获，就像我们在打猎季节捕获猎物那样。"

而当美国总统询问这个人有什么办法把大西洋加热到 212 华氏度时，这个人的回答是："当然，这事交给技术人员去办好了。我只负责制定政策。"

1971 年，基辛格为恢复中美外交关系秘密访华。在一次会面中基辛格突然问周恩来："总理阁下，贵国马王堆一号汉墓的发掘成果震惊世界，那具女尸确是世界上少有的珍宝。本人受本国科学界知名人士的委托，想用一种地球上没有的物质来换取一些女尸周围的木炭，不知贵国愿意否？"周恩来总理听后问："不知贵国想用什么东西来交换？"基辛格说："月土。就是我国宇宙飞船从月球上带回的泥土，这应该算是地球上没有的东西吧！"

周总理听后哈哈一笑："我以为是什么呢，原来是我们祖宗脚下的东西。"基辛格疑惑地问："这怎么说？难道你们早有人登上了月球？什么时候？为什么不公布？"周恩来笑了笑，手指着茶几上的一尊嫦娥奔月的牙雕，对基辛格认真地说："我们怎么没公布？早在5000 多年前，我国就有一位女士飞上了月亮，还在月亮上建起了广寒宫住下了，一直到如今！怎么，这些我国妇孺皆知的事情，你这个'中国通'还不知道？"周恩来总理机智幽默的回答，让博学多识的基辛格自叹弗如。

幽默不是毫无意义的插科打诨，也不是没有分寸的卖关子。幽默要在入情入理之中，引人发笑，给人启迪。善于使用它需要一定的素质与修养。善于使用幽默，把自己打造成一位笑谈高手，你的生活也将乐趣无穷。

善用幽默可以广交朋友

俗话说：朋友多了好办事；多个朋友多条路；在家靠父母，出外靠朋友。能够多交一些朋友，常常与朋友交谈、聊天，就会心胸开阔、信息灵通、心情愉悦，还能取长补短，互相安慰。大家都知道朋友的重要性，但是，在茫茫人海中，要找到志同道合的朋友就不是那么容易了。其实，知音难觅就难在交朋友的方法上，而幽默交友不失为一种有效的交朋友的方法。陌生的人见面，如果幽默一点，气氛就会变得活跃，交流就会更顺畅。

著名画家张大千与京剧艺术家梅兰芳可谓志同道合的知音，他们都非常敬重对方。在一次宴会中，张大千向梅兰芳敬酒，并出其不意地说："梅先生，您是君子，我是小人，我先敬您一杯！"

众人都是一愣，梅兰芳也不解其意，忙问："先生何出此言啊？"

张大千朗声答道："您是君子——动口，我是小人——动手！"

张大千机智幽默，一语双关，引来满堂喝彩，梅兰芳更是乐不可支，把酒一饮而尽。

很多人都有广交朋友的心，但是总苦于没有行之有效的方法。 如果我们都能像张大千一样，语言机智幽默，真诚待人，那么总有一天会四海之内皆兄弟。

在一个狭窄的小巷里两辆汽车相遇了。车停了下来，两位司机谁都不肯让路。对峙了一会儿，其中一位司机拿出一本小说津津有味地看了起来。另一位司机见状，伸出头来高声喊道："喂，老兄，看完后借我看看啊！"

一句话逗得看书的司机哈哈大笑，并主动倒车让路。之后两人冰释前嫌，互相交换了名片。原来两人的家离得很近，后来他们还成了好朋友。

突如其来的幽默让两个谁都不肯退一步的司机成了好朋友，我们不得不佩服他们的幽默和大度。 生活中像这样的小摩擦在所难免，这个时候如果激化矛盾，必定两败俱伤，更不可能交到朋友。 但是，若能利用幽默的话语将矛盾的热度降到零点，那么敌意也能转变成友谊。

朋友间的幽默方式更多，也往往更有默契，更能使人开心。

法国作家小仲马的一个朋友的剧本上演了，朋友邀请小仲马同去观看。小仲马坐在最前排，但总是回头数："一个，两个，三个……"

"你在干什么？"朋友问。

"我在替你数打瞌睡的人。"小仲马风趣地说。

后来，小仲马的《茶花女》公演了。这位朋友也被邀请观看。这次，轮到朋友回头找打瞌睡的人，好不容易找到一个，朋友说："今晚也有打瞌睡的人呀！"

小仲马看了看打瞌睡的人，说："你不认识这个人吗？他是上一次看你的戏睡着的，至今还没醒呢！"

小仲马和朋友之间的幽默是建立在一种真诚的友谊基础上的，没有虚伪的客套，这样的幽默更能增进朋友间的友谊。可见，幽默在交朋友的过程中固然重要，但是一切幽默要以真诚为出发点，才能够让人感受到你的友好。

掌握了幽默的交友技巧，你就再不会苦于没有知心朋友，陌生人将会成为你的新朋友，新朋友将会成为你的老朋友。

善说"趣言"，炒热气氛

口才好的人，不论是跟老熟人交谈还是跟新朋友聊天，都能把控谈话的气氛，让每个和他交谈的人都如沐春风，有所收益，而不会感觉到冷场和尴尬。

口才好的人不仅仅和不熟的人聊天能迅速炒热气氛，遇到较冷的话题也能让大家畅所欲言，没有拘束。

总结各位语言大师的经验以及通过日常的观察我们发现，能够在陌生人面前迅速做到放开拘束，能够炒热冷话题气氛的制胜法宝就是说"有趣"的话。

"有趣"的话，不是毫无意义的插科打诨，也不是没有分寸的卖关子、耍嘴皮，而是有"技术含量"的幽默。正如周国平所说："幽默是一种轻松的深刻。面对严肃的肤浅，深刻露出了玩世不恭的微笑。"它要在情理之中，在意料之外，引人发笑，给人启迪，善于使用它需要的素质与修养。

　　两家业务上有往来的公司在情人节那天组织了一场联谊。虽然两家公司业务往来频繁，但是两家公司的职工们几乎都很面生，男男女女三三两两散落地站着，场面有些冷清，并没有达到当时公司管理层设计这次联谊的初衷。这时，一个公司的老总步入会场看到这样的场面，他微微一笑，随意拍了拍他身边的两个小伙子的肩膀，说道："这会场的暖气开得这么热，就算你们是全生的牛排，这会儿也该熟了呀。"大家听完老总的话，起先感觉莫名其妙，随即了解了老总的话语中的笑点，于是大家都哈哈大笑，笑过之后大家顿时觉得亲切了很多。

一句有趣的话，能让生分的人变得亲切，更好地交谈聊天。

还有一个例子，讲的是有趣的话，能让"不热"的话题变得"热"起来。

鲁迅先生讲话生动幽默。一次，几个朋友和他谈起国民党的一个地方官僚下令禁止男女同在一个学校上学、同在一个游泳池里游泳的事。鲁迅先生说："同学同泳，皮肉偶尔相碰，有男女大防，不过禁止之后，男女还是一同生活在天地中间，一同呼吸着天地中间的空气。空气从这个男人的鼻孔呼出来，被另一个女人的鼻孔吸进去了，淆乱乾坤，实在比皮肉相碰还要坏。要彻底划清界限，不如再下一道命令，规定男女老幼、诸色人等，一律戴上防毒面具，既禁止空气流通，又防止抛头露面。这样，每个人都是……喏！喏！"鲁迅先生边说边站起来，模拟戴着防毒面具走路的样子来，朋友们笑得前仰后合。

说有趣的话，炒热交谈气氛不仅能让人和人顺利沟通，同时也能提高沟通的效率。

与人交谈，过于严肃，就会形成紧张气氛，难以使大家放下戒备，轻松愉快地交谈。如果在交谈过程中适当运用幽默话语、有趣的话语，就能使交谈的气氛迅速活跃起来，使大家精神放松，思维活跃，使交谈更加融洽，更富有成效。

有一次，著名相声演员马季和赵炎在山东演出。他们正在兴致勃勃地表演相声《吹牛》。台上的灯泡突然闪了一下灭了。台下顿时一片哗然，甚至还有几个人乘机吹起了口哨起哄。只听马季随机应变地向观众说了一句："我们吹牛的功夫真到家，灯泡都被我们吹灭了。"说罢，台下立即报以热烈的掌声，气氛又活跃起来。马季的成功在于他巧妙地将相声的名称"吹牛"与演出现场灯泡熄灭的场景结合起来，用幽默的话语引得听众大笑，从而化解了尴尬局面。可见，马季不仅是一位杰出的相声艺术家，同时更是一位机智应变的高手。

也许有人会说，说有趣的话来炒热气氛，需要智慧和幽默，还要有一种淡定从容的气度。当生活中遇到了冷场、尴尬的时候，普通人早就不知所措了，根本不会即兴讲出什么"救场"的话。诚然如此，在生活中，是需要有一些幽默能力的，而幽默的能力并不是人人都有，但这并不意味着，没有了幽默感就没办法幽默。要想获得幽默的气质可能很难，但是要想做到在特定场合能带来幽默，炒热气氛，还是可以做到的。

其实这种情况很好解决，你只需打开一两个讲幽默故事的小网站，或者买一两本讲幽默故事的书，平时没事的时候看一看，在娱乐自己的同时，记下其中有意思的小段子，等到了合适的场合，把这些储备的幽默话语说出来即可。 日积月累，你面对这种场面的经验越发增多，储备的幽默话语也越来越饱满，那么在炒热气氛、化解尴尬方面，你就会成为游刃有余的专家。

巧用幽默自嘲，化解窘迫局面

　　杨澜早些年还在担任《正大综艺》节目主持人时，曾被邀请到广州市天河体育中心担任演出的主持人。

　　演出晚会到中途大家兴致正高时，杨澜言毕离场在下台阶时摔了下来。天河广场好几万双眼睛都看着她，这种情况的出现，确实令人难堪。但是杨澜不愧是训练有素的主持人，她非常沉着迅速地爬起来，拿起话筒对台下的观众说："真是人有失足，马有失蹄呀。我刚才的狮子滚绣球的节目滚得还不熟练吧？看来这次演出的台阶不是那么好下哩！但台上的节目会很精彩的，不信，你们瞧他们。"

　　观众们听杨澜说完后，立即报以热烈的掌声，一解刚才尴尬的气氛，晚会也得以顺利进行，有的观众还大声说："广州欢迎你！"

　　帮助杨澜迅速摆脱尴尬困境的不是别的，正是自我解嘲。大多数情况下，尴尬的产生都不是故意的，更不是敌意的，而是出于不小心或者粗心。 这时候，如果你过分掩饰自己的失态，一味地就事论事地解释，反而会弄巧成拙，使自己越发尴尬。 但是，如果以漫不经心、自我解嘲的口吻说几句取悦于人，引人发笑的话，却可以活跃气氛，迅速消除尴尬。

　　尴尬场合，运用自嘲可以平添许多风采。 当然，任何事都有限度和界限，自嘲不同于玩世不恭的态度。 积极的自嘲包含着自嘲者强烈的自尊、自爱和希望问题得到解决的意念。 自嘲实质上是当事人采取的一种貌似消极，实为积极的促使事情向好的方向转化的手段。

　　1915 年，丘吉尔还是英国的海军大臣而不是首相的时候。不知道他是心血来潮，还是别的什么原因，突然想要学开飞机。于是，他一声令下，命令英国海军航空兵的那些特级飞行员教他开飞机，军官们虽然觉得这个大臣很"无理取闹"，但也只好遵命。

　　丘吉尔还真有股韧劲，刻苦用功、拼命学习，把全部的业余时间都搭上了，负责训练他的军官都快累坏了。但是，丘吉尔虽称得上是杰出的政治家，可操纵战斗机跟政治是没什么必然联系的。隔行如隔山，虽然他用功至此，可是他对那么多的仪表就是搞不明白。

　　有一次，在飞行途中，天气突然变坏，一段 16 英里的航程竟然飞了 3 个小时。着陆后，丘吉尔刚从机舱里跳出来，那架飞机竟然再次腾空，一头撞到海里去了。旁边的军官们都吓得怔在那里，一动不动。

　　原来，丘吉尔忘了操作规程，在慌乱之中又把引擎发动起来了。望着眼前的一切，他并没有惊慌失措，也没有表现出任何觉得丢面子的行为，更没有一直不停地为自己解释，为自己开脱，相反，他装作茫然不知，轻描淡写地自我解嘲道："怎么搞的，这架飞机这么不够意思。刚刚离开我，就又急着去和大海约会了。"

一句话缓解了紧张的气氛，也让丘吉尔摆脱了尴尬。但是反过来想，如果丘吉尔不停地重复之前的行为，为自己找借口，那这件事情反而不会这么快就过去，可能会一直被人偷偷嘲笑。

在有些尴尬的场合运用自嘲，一方面是让大家迅速从尴尬的情境中摆脱出来；另一方面，其实也是对自己的保护，因为自嘲能使自尊心通过自我排解的方式受到保护。

非但是在尴尬的场合，自我解嘲能够让自己迅速摆脱难堪之境。在日常生活中，也能帮助我们从内心化解一些烦恼和忧愁。

古人有云："人生之事，不如意常十之八九。"人一生中难免会有诸多的不顺心或者不如意，如果我们能够通过自我调节，对不幸的事情一笑置之，那么生活就会变得轻松起来。

自我解嘲，是让我们淡然面对生活中的不顺利的一剂良药。

在逆境中，自我解嘲，自己给自己找乐子，自己给自己宽心是一种修炼。明末清初著名文学批评家金圣叹被判死刑时，从狱中发出的信，也有自我解嘲的风格，内容大概是：花生米与豆腐干同嚼，大有火腿滋味。

与当权者政见不合，死已难逃，倘若这时忧心忡忡，已经没有什么用，不如放弃执念，自我解嘲一番，反而能减少死亡带来的痛苦，也让后世更加钦佩他的为人。

遭遇尴尬是我们每个人都会遇到的必修课，不论你有多么成功、多么优雅也在所难免。如能恰当地运用自嘲，那就能在笑声中化解矛盾，展示非凡的智慧和人格魅力。

冷场开涮——幽默逗你喜笑颜开

如果你遇到了下面的状况：在冷场时，不知道怎么活跃气氛；在一些突发事件中，不知道说什么合适的话来救场；和朋友聊着聊着就突然没有话题了；发表某些意见或建议，无法取得共鸣或者人们的关注；结识新朋友不知道该说些什么……在许多场合中，由于个人的性格腼腆，或者彼此之间不够了解而无法拥有共同的话题，使交往中出现了"冷场"的情形。这个时候，幽默就是最佳挡箭牌了。幽默会让冷场的冰块渐渐融化，让快乐走进人们的心中。

众所周知，交流中最尴尬的情况莫过于双方无话可说。无话可说有时候是因为一方对另一方说的内容根本不感兴趣；有时候是因为我们表达的意思和对方的理解有偏差；有时候是因为我们缺乏在某些特殊情景下的沟通技巧；有时也会因为说话触及了别人的"雷区"而给别人造成不愉快，导致交谈无法继续下去。无论是哪一种情况，都有可能会让你焦虑。良好的幽默沟通需要双方在适当的时候分别扮演发送信息者和接收信息者的角色，就像跳探戈时需要两个人完美地配合。

"一个巴掌拍不响"，交流中一旦出现冷场的局面，也需要两个人共同配合才能打破僵局。交流是两个人的事情，所以你不能指望等着对方为交流负起全部责任。因此，当出现冷场或者尴尬的时候，要沉着，更要幽默，寻找双方感兴趣的共同话题，不能一味地等着对方来解决这种尴尬的场面。面对冷场，解决尴尬，展现幽默口才方能屡试不爽。

一次，雁翎与男朋友肖遥约会时，肖遥问她："你对爱情中的普遍撒网，重点逮鱼，怎么看？"没想到他话一出口，雁翎不但没搭理他，脸色也霎时变得很难看。肖遥赶紧补充道："啊，请别介意，我是说，我有一个对爱情不忠的故事讲给你听，说有一个对老婆不忠的男人，经常趁老婆不在家把情妇带回家，但又时常担心老婆会发觉。有一天晚上，他突然从梦中惊醒，慌忙推着身边的老婆说：'快起来走吧，我老婆回来了。'等他的老婆也从梦中清醒，他一下子傻了眼。"

还没等肖遥话音落下，雁翎已被他的幽默故事给逗得喜笑颜开。

在这里肖遥运用故事的形式首先转移了他们谈话的方向，然后用幽默的感染力，淡化了他因说话不慎而给雁翎带来的不快情绪，从而自然而巧妙地把可能出现的"冷场"给过渡过来，赢得了心上人的开心一笑。

幽默是冷场的克星，是热情的释放，懂得在尴尬中用幽默救场的人是有智慧的。拥有幽默天分的人永远不会让他人与自己遭遇冷场的无奈与尴尬，幽默让冷场被巧妙开涮，让彼此在喜笑颜开中突破尴尬，加深感情。

冷场时的幽默开涮方法主要如下：

（1）可及时拿自己开涮，以幽默的方式摆脱冷场。必要时可以先"幽默自己一下"，即自嘲，开自己的玩笑。也可以发挥想象力，把两个不同事物或想法连贯起来，以产生意想不到的效果。

（2）自信、自然。化解冷场局面时，表现得要自然，不着痕迹、轻松地转移话题，使人家觉得你不是刻意的，否则会加剧冷场和尴尬。

（3）平时多读书，多储备知识。有了丰富的知识，就有了谈资，再加上幽默风趣的语言，很容易使局面融洽起来。

（4）可以讲冷笑话，缓和一下气氛，再慢慢回到之前的主题上，但是不宜讲太多的冷笑话，否则场面将有可能更冷。

（5）如果交谈时被干扰而不便继续交谈，可以耐心等待，不必打破这种正常的沉默。

（6）当双方因为不是很了解而造成冷场时，就要学会察言观色，以话试探，寻找共同点，抓住共同话题。

幽默要恰到好处，玩笑要合乎分寸

幽默的效果并不总是好的，你必须认清对象、把握机会，并使分寸恰好保持在"不轻不重、不多不少"的程度。如果你在不当的场合开了不合分寸的玩笑，不仅会引发事端，还可能会酿成大祸。

我们要想幽默取得好的效果，一定要把握好幽默的场合、时机和分寸。语言的威力非常微妙，同样的话在不同的场合、时机说出来，会收到截然不同的效果。幽默的语言尤其如此。

得克萨斯州是美国南方最大的一个州，是美国重要的粮食产地。卡特总统在职时，得克萨斯州遭遇了百年不遇的大旱，他亲自前往视察。凑巧的是，就在卡特总统的飞机降落前，大旱的得克萨斯州竟然下起了雨。卡特踏上机场跑道以后，微笑着对聚集在跑道上欢迎他的农民们说："我知道。我这一来你们或许会向我要钱，或许会向我要雨。我拿不出钱来，就只好把这场大雨给你们带来了！"

卡特总统在飞往得克萨斯州时，或许正绞尽脑汁地准备自己的演讲稿。但当他发现及时雨到来时，连忙抓住时机适当地开了个小玩笑，不仅活跃了现场的气氛，更拉近了和民众的距离。这样的时机可谓是"机不可失，失不再来"，一旦错过时机，或者换在其他场合，这个温馨、俏皮的小幽默，恐怕就变成真正的冷幽默了。

如果你是个幽默新手，在开口幽默前要注意看清周围的情势。当别人正在专心致志地学习和工作时，你的幽默可能会影响别人；在一些悲伤凝重的场合如葬礼上，你不能随便开玩笑，对方需要的是安慰和帮助，这时和人家开玩笑，会让对方认为你是幸灾乐祸；在庄重的集会或公众场合，你也尽量不要打趣逗笑。

如果不吐不快，那就找个轻松、愉悦的氛围开口。打个比方，你刚刚知道一个很有趣的笑话，什么时候讲出来效果最好呢？最安全有效的做法，就是在餐桌上或者周末聚会时，对熟人、同学、朋友讲。这时大家神经放松，会很乐意对有趣的笑话做出回应，不仅可以调节气氛，还能为你建立随和、亲切的好形象。

如果你身边是些不熟悉的人，就别轻易乱开玩笑。除此以外，你还要注意幽默的分寸，哪怕你有一肚子的笑话，也别滔滔不绝地说个没完没了。这样总是以自己为中心，难免会让别人感到不快或受冷落，甚至还可能会让人误会你想表现自己。

第八章

得体赞美：完美交流要会说漂亮话

赞美话甜人心

　　美国管理专家戴维·马尔思被认为是一个钢铁业界的天才，他在当时拥有 3000 多美元的日薪，年工资为100 万美元。

　　但事实上，戴维·马尔思对于钢铁生产并不懂，是典型的"外行"管内行。

　　戴维·马尔思自己这样认为："我认为我所拥有的最大财富是我能使人们产生极大的热忱。要激发人们心目中最美好的东西，就是要去鼓励和赞美。我从来不指责任何人。我信奉激励人去工作。所以，我总是急于表扬别人，而最讨厌吹毛求疵。如果我喜欢什么东西或人，那就会诚挚地赞扬。

　　"在社会交往中，虽然我在世界各地见到过许多伟人和普通人，但有一个人仍然要我去寻找发现，无论他有多高的身价，他在赞扬面前总比在批评面前做得更好，而耗费的精力也更小。"

　　戴维·马尔思的秘诀就是不论是公开场合还是私下都赞美别人。赞美可以使人奋发向上，促使一个人不断进步和发展。

在公关交谈中，真诚的赞扬和鼓励，能使人的荣誉感得到满足，从而使人终生难忘。 在日常生活中，一些人认为赞扬和鼓励有害无利，只相信处罚和责骂。 其实，这是一种过时的思想和习惯，是小农经济时代的特征，是和现代人健康的人格与尊严、荣誉与自尊相悖离的。 有一句恰当的箴言："合适的话，甜了心而健于骨。"赞美之于人心，同太阳之于生命一样，有着十分神奇的作用。 美国作家马克·吐温说："我听到一句好的赞词就能够不吃不喝活上两个月。"他这句话的内在含义，就是指人们时常需要受人尊重和恭维。

英国大文豪查尔斯·狄更斯在年轻时穷困潦倒，好像干什么事都不顺利。父亲因为无钱还债而入狱，饥饿之苦是狄更斯经常遭受的。他总是坚持写作，却信心不足，总是晚上偷偷将稿子寄出去，又总是被退回来。终于，他的作品被一位编辑欣赏，刊登了出来，并回信夸奖了他。

这个夸奖使狄更斯的一生发生了改变。从此，世界上多了一个伟大的文学家，少了一个平庸的人。可见，一句简单的赞扬的话所起到的作用是无法估量的。

一句简单的赞美他人的话，不仅使他人的心理需求得到满足，同时还让自己得到了对方的喜爱和赞叹。

说句简单的赞美话，的确不是一件困难的事情，只要你乐于并且留心观察，到处都会有值得赞美的地方。

你可以将一位并不十分漂亮的女士称赞为"很有智慧""心地善良""善解人意"。 同样，你也可以将一位并不十分强壮的男士称赞为"很有能力""很有见地""很有个性"。

你可以对男同事说："哦，你今天的这条领带真别致。"也可以由衷地赞美穿了新衣服来上班的女同事："这件衣服穿在你身上很得体。"你还可以对家人说："今晚可口的饭菜让我的肚子撑不下了，可舌头还想吃。"

赞美的话宛如令人赏心悦目的花朵。正如美国心理学家威廉·詹姆斯所说："人类本性中最深的企图之一是期望被赞美、钦佩和尊重。"

赞美对方引以为豪的事

人们对自己一般都有一个自我认识，对于自己的得意之处，总是希望能得到别人的认同。俗话说，好钢要用到刀刃上。我们在赞美别人时，就要赞美对方引以为豪的事，将赞美之辞说到对方的心坎里，这样对方就会感受到强烈的认同感，从而使我们收获对方的信任与认可。

乾隆皇帝喜欢在处理政事之余品茶论诗，对茶道有一定见地，并颇以此为豪。有一天，朝中大臣张廷玉散朝回家，刚想休息一下，乾隆忽然来造访，张廷玉感到莫大的荣幸，立即命令把家里珍藏的雪水挖出来煎茶。乾隆很高兴，并招呼大家坐下："今儿个我们都不要拘君臣之礼。论道品茗，不亦乐乎？"水开了，乾隆还亲自给大家泡茶，并讲了一番茶经，张廷玉听后由衷地赞美道："我哪里知道这些，只知道喝茶可以解渴提神。一样的水和茶，却从来没有闻过这样的香味。"李卫也乘机称赞道："皇上圣学渊博，真叫臣大开眼界呀，小小一杯茶竟然有这么多的学问！"乾隆听后心花怒放，更是谈兴大发，从"茶乃水中君子，酒乃水中小人"开始论起"宽猛之道"，滔滔不绝，众臣自是洗耳恭听。

乾隆的话刚结束，张廷玉便称赞道："今天皇上这番宏论，从孔孟仁恕之道发端，譬讲三朝政纳，虽然只是三个字'趋中庸',却发聋振聩令人心目一开。皇上圣学,真是到了登峰造极的地步。"其他人也都随声附和,乾隆大大满足了一把。

张廷玉和李卫深知乾隆的喜好,并知道他把自己的茶经和"宏论"引以为豪,二人便以此为依据,对乾隆进行大肆赞美,从而达到了取悦乾隆的目的。

由此可见,抓住他人引以为豪的东西,并以此为目标对其发动猛烈的赞美进攻,往往能收获美妙的交流效果。其中,关键是要抓住对方明显强于他人之处,也就是所谓的"个性"之处,这往往也是其最引以为豪的地方。对这一方面进行重点赞美,就会收到很好的效果。

一次,曾国藩吃过晚饭后与门下的几位幕僚闲谈,评论当今英雄。他说:"彭玉麟、李鸿章都是有大才干之人,我很不如他们。我所能引以为豪的,只是平生不谄媚、奉承别人罢了。"一个幕僚说:"只是各人各有所长而已:彭玉麟勇猛强悍,人们不敢欺负他;李鸿章精明聪敏,别人欺负不了他。"说到这里,他说不下去了。曾国藩又问:"你们以为我怎样?"众人皆低头沉思。忽然走出一个管抄写的后生插话道:"曾师是仁义宏德,人们不忍心欺负您。"众人听了齐拍手称是。曾国藩听后,十分得意地说:"不敢当,不敢当。"后生退出去以后,曾国藩问在座的幕僚:"这个人是谁?"幕僚告诉他:"他是扬州人。曾入过太学学习,家境贫寒,办事谨慎。"曾国藩听完后说:"这是个有大才之人,不可埋没呀。"不久,曾国藩升任两江总督,就派这位后生去扬州任盐运使。

这位管抄写的后生正是抓住了曾国藩的个性中最与众不同、令他引以为豪的"仁德",并以"人们不忍心欺负仁德的曾师"对曾国藩进行了赞美。这不仅挠到了曾国藩的痒处,使他感到愉悦,而且这位后生也因此获得了曾国藩的信任与认可,做了盐运使。可见,赞美之辞在涉及对方引以为豪的事情时,会使赞美的效果大大增强。

拥有不同经历的人,往往对自己、对人生的认识也不尽相同。因此,他们所引以为豪的事情也会不同。赞美他人时,要对不同的人说不同的话,切不可使赞美变得千篇一律、虚无空洞,否则会降低赞美他人所达到的效果,甚至还会适得其反,造成负面影响,给自己的人际关系带来危害。

诚诚是刚入大学的一名大一新生,对于住在同一宿舍的其他几位同学都还不太了解。一天,诚诚和室友小毅一起去学校教务处处理关于学籍的事情。因为常听长辈们对他讲:"在大学里要学会办事,学会跟老师和同学搞好关系,提高自己的交际能力……"所以,他觉得大家对自己的交际能力都很重视。办完之后,诚诚觉得这是拉近和小毅的关系的好机会,于是对小毅说:"别人老说咱们年轻人不会说话、办事,只会直来直去,不懂交际。我是这样我承认,但我看你刚才在政教处里的言谈举止颇有游刃有余的感觉，很成熟，根本不像一个大一新生。"小毅平时也对自己的交际能力颇引以为豪，对人际交往方面也比较重视，所以听到诚诚这样说，自然很高兴，俩人的关系也就近了一步。

又有一天，诚诚和另一名室友周仁一起外出，路上遇见了辅导员，俩人就和辅导员聊了几句。过后，诚诚觉得这是用赞美和周仁打开话题、拉近关系的机会，于是说道："刚才看你说话，我觉得你挺会来事的，交际能力很强啊，我以后还得多向你学习。"周仁一听，不但没有因此而开心，反而对诚诚产生了些许厌恶。因为周仁是属于有些清高孤傲的文艺青年一类，一向对人际交往不太在意，甚至有些反感，所以诚诚的赞美不仅没有打动他，而且在一定程度上让他觉得这是对他的侮辱。

诚诚在对周仁缺乏了解的情况下，对小毅和周仁用了同样的语言赞美，并且没有分清说话场合。实际上是想赞美对方，拉近彼此的关系，结果不但没有达到预期的目的，反而招致了对方的反感。所以，赞美的对象要是对方引以为豪的事情，这样才能达到比较好的交际效果；否则，极有可能适得其反。

对于一名老师而言，他引以为豪的事情往往是他教过的学生很有出息，取得了很大的成就。这时，你就要赞美他教出的优秀学生。对于一位一生都默默无闻的母亲，引以为豪的往往是她抚养的孩子个个都有出息。赞美她，从她的孩子入手才能达到最好的效果。

　　总而言之，赞美之辞不可泛泛而谈，赞美对方引以为豪的事，比说一堆毫无意义的称赞之词有用得多，在这种方式下，赞美发挥的作用也是最大的。首先，对方因为赞美感到愉悦，然后也会对赞美他的人产生好感，甚至给予全心全意的信任，可以说赞美是营造良好人际关系的一种绝技。

赞美越具体越好

抽象派的绘画往往让人很难一下就说出它的好，它的美是需要领悟的；而写实派的绘画则让外行也能一眼看出像与不像。 这一规律放到说话方面也同样适用。 抽象的赞美，如"你很好""你不错""你很优秀"等，这些话虽是对他人的全面赞美，但总让人感觉不太受用，甚至有敷衍之嫌。 若是能将赞美具体化，赞美对方的某一方面，其效果会马上大不一样。 例如，"你对色彩的感觉很细腻，衣服搭配的颜色总是让人赏心悦目""你对待工作的态度很认真""你的逻辑思维能力真的让人叹服"等。 如此，对方立马就能听出你的赞美之意，从而将你的赞美化为信任与认可，最终达到愉快交际的目的。

所谓具体，就是指言之有物。 与其泛说"久仰大名、如雷贯耳"，不如说"您上次主持的讨论会成绩之佳，真是出人意料"等话，直接提及对方的具体工作。 若恭维别人生意兴隆，不如赞美他推销产品的努力，或赞美他的商业手腕；泛泛地请人指教是不行的，你应该择其所长，集中某点请他指教，如此他一定高兴得多。 再者，赞美的话一定要切合实际，比如到别人家里，与其说一些空洞的恭维话，不如赞美房子布置得别出心裁，或者赞美他的宠物乖巧可爱，或者赞美对方最近的工作成绩等，这比说上许多无谓虚泛的客套话效果更佳。

李鸿章在清朝位居中堂，位高权重，朝中官员都想讨好他，好让他多多提携自己。这一年，李鸿章的夫人要过五十大寿，这对于那些想讨好他的人来说自然是个大好时机，寿辰未到这些人就开始行动了，生怕自己落在别人后面。

这个消息传到了合肥知县那里，知县觉得这是拉近和中堂大人距离的绝好时机，也决定备一份礼送去。但他一个小小知县，囊中羞涩，中堂大人什么没见过，若是礼送得轻了，等于没送，送贵重的又送不起。知县一时不知如何是好，直犯愁，于是便请师爷前来商量。

师爷看透了知县的心思，胸有成竹地说："这好办，您交给我。保准一两银子也不花，而且送的礼品让李大人刮目相看。"

"是吗？送什么礼物？"知县一听，喜不自胜。

"一副寿联即可。"

"寿联？这，能行吗？"

师爷说："您尽管放心，此事包在我身上。保管您从此飞黄腾达。这寿联由我来写，你亲自送去，请中堂大人过目。"

知县满口答应。

师爷写好后，知县就带着对联上路了，日夜兼程赶到了北京。到了李鸿章夫人寿辰的这一天，知县跪到中堂大人面前，将对联双手奉上。

李鸿章顺手接过，打开上联：

"三月庚辰之前五十大寿。"

李鸿章心想："这叫什么句子？也敢拿来献作寿礼？

且看他下句是什么。"于是，李鸿章又打开了下联：

"两宫太后以下一品夫人。"

"两宫"指当时的慈安、慈禧，李鸿章见"两宫"字样，不敢怠慢，连忙跪了下来，命家人摆好香案，将此联挂在《麻姑献寿图》的两边。

这副对联深得李鸿章的赏识，自然对那合肥知县另眼相待，称赞有加。而这位知县也因此官运亨通了。

合肥知县的这副对联，没有泛泛夸赞中堂夫人是如何高贵，而是直接以两宫太后作比，既具体翔实，又不偏不倚，太后是何等的尊贵，以此来衬托中堂夫人的地位，既生动具体，又简单明了，可谓高明。

赞美越具体，就越能体现你的真诚与所说的话的真实性，从而增加可信度，当然也就更加能打动别人。

小李与小王是同事，他们同时喜欢上了公司的一名女同事。两人都使出浑身解数对其百般讨好，希望自己能赢得美女的芳心。俩人性格不同，采取的方式也不尽相同。

小李是个细致的人，每每见到这位女同事就针对其特点进行具体的赞美，如"你今天的衣服颜色很衬你的气质""你耳钉的颜色搭配得很漂亮，我也喜欢蓝色"等等，使女同事每天见到自己都能脸上堆满了笑意。

而小王则是个大大咧咧的人，总是鲜花攻势，赞美的话也多是"你今天真漂亮""你气色不错"等之类空泛的言辞。

最后的结果，当然是细致的小李赢得了美女的芳心，最终抱得美人归。

小李的赞美都是具体的，而小王则是泛泛地对整体进行赞美，而把两人放一起对比，小李的赞美就好比每次都找准一个点用力，小王则是把劲使在一个面上，自然是没有小李的赞美显得更有力度，更深入人心。由此可见，赞美是越具体越好。越具体，就显得你对对方越了解，你的赞美之言也更加可信。

总而言之，人人都喜欢来自他人的赞美，但不一定所有的赞美都会让听者喜欢。而事实证明，相对于虚泛的空头赞美，具体的赞美更能让被赞美者受用并因此对赞美者产生好感。因此，当我们赞美他人时，要尽量使赞美之言言之有物、具体翔实，能让对方有迹可循，这样才能使赞美完全发挥其作用，为我们营造良好的人际关系。

有新意的赞美更能打动人

每个人都希望别人欣赏自己，赞美自己，但"千篇一律""老生常谈"的那些老话有时只会引起对方的厌烦。所以，如果在赞美的话中，添上一些"新意"，作为调料，抓住其独特之处来进行委婉赞美，那么就有了趋于完善的赞美之术了，而这样的赞美之词，也最能打动人心。不过，赞美的创新方式要根据不同的场合，对方的性格因素、文化背景、习俗等来决定。

所以，赞美一个人的品德便是一个不错的切入点。孔子对颜回说："贤哉，回也！"毛泽东赋诗赞美彭德怀："山高路远坑深，大军纵横驰奔，谁敢横刀立马？唯我彭大将军。"这些都是以人品为基点来赞美的，并且利用专业化的语言来完成，会让人觉得富有新意。

有新意的赞美，可以让你的人际关系变得和谐、稳固。那么怎么使赞美变得新颖呢？

1. 新意的表达方式

赞美他人，可以推陈出新，另辟蹊径。

富兰克林年轻的时候，在费城开了一家小小的印刷所。那时，他参加了宾夕法尼亚州议会的选举。在选举前夕，有个新议员发表了一篇很长的反对他的演说，在演说中，竟把富兰克林贬得一文不值。这么一个出其不意的敌人出现，是多么令人恼火呀！该怎么办呢？富兰克林自己讲述道：

　　"对于这位新议员的反对，我当然很不高兴，可是，他有学问又是一位很幸运的绅士。他的声誉和才能在议会里颇有影响。但我绝不会阿谀奉承他，以换取他的同情与好感。我只是在数日过后，采用了一个别的适当的方法。

　　"我听说他藏有几部很名贵又很少见的书。我就写了一封短信给他，说明我想看看这些书，希望他能慷慨借给我几天。他立刻答应了。"

　　富兰克林赞美新议员时那一种不露痕迹的赞美方式，恰如"润物细无声"。

　　表达赞美的方式有很多，要针对具体情况选择最为恰当的方式。在选择赞美方式的时候，既要考虑表达方式的新意，又要考虑对方的感受及最后的效果，去综合性地思考，最终将会找到最适宜的表达方式。

　　2. 新颖的语言

　　赞美是最甜蜜的声音之一，赞美应该给人一种美的感受。新颖的语言，是有魅力、有吸引力的。振奋人心的赞美也可能是简单的，但是一种本来不错的赞美如果多次单调重复，也会显得平淡无味，甚至令人厌烦。一个女人就曾说过，别人反复说她长得很漂亮，已经让她很厌烦，但是当有人告诉她，像她这样气质不凡的女人应该去演电影，在电影中留下她美丽的身影的时候，她笑了。

　　一位父亲走入厨房看女儿做饭菜，他对女儿说："如果没有好的胃口就如同天上没有星星一样令人遗憾。"女儿露出了特别快乐的笑容。

新颖的赞语，令人清爽、舒心，更能打动人心。

3. 独特的角度

　　法国某将军屡战屡胜，有人称赞他："你这个军事家真是了不起。"他无动于衷，因为他认为打胜仗是理所当然的事。而当那人指着他的鬓须说："将军，你的鬓须真可媲美美髯公。"这次，将军笑得很欣然。

赞美的角度很重要，有独特角度的赞美将起到事半功倍的效果。
每个人都有其独特之处，把握好角度，才能有轻松顺畅的沟通。

发自内心的称赞最能使人愉快

一个人心存感激和赞誉他人是一种美德。 不能发现别人优点的人，要么非常优秀，要么极其狂妄。 我们为何看不到周围的人的优点呢？ 既然能看到他们的优点，为何不能由衷地赞美呢？ 发自内心地赞美别人和诚恳地批评别人一样会令人欣慰。

一位举止优雅的妇女对一个朋友说："今天晚上你做了一场十分精彩的演讲。我情不自禁地想，你当一名律师该会多么出色！"这位朋友听了评语后很是意外，像小学生似的红了脸，露出无限感激的神态。

真心诚意的恭维可以打动所有人。 哈佛大学弗尔帕斯教授经历过这样一件事：

有一年夏天，天气又闷又热，他走进拥挤的列车餐车去吃午饭，在服务员递给他菜单时，他说："那些在炉子边烧菜的小伙子肯定不好受。"

那位服务员听了后意外地看着他说："上这儿来的人要么抱怨这里的食物，要么指责这里的服务，要么就是由于车厢内闷热而大发牢骚。19 年来，你是唯一对我们表示同情的人。"

古谚云："精诚所至，金石为开。"在称赞之辞从舌底间流出时，很大程度上，言语中包含的真诚已完全显露出来，传到被称赞者的脸上或者心中。 所以，只有真诚的称赞，才能使被称赞者感到称赞者是在发现他的优点，而不是功利地去称赞他，从而使他自觉自愿地"打开"称赞者所需要的"金石"，称赞的最终目的便能达到。

赞美他人要留意赞词

倘若不根据所赞对象的心情及当时的具体情况而乱赞一通，恐怕确实是出力不讨好。

不要突然没头没脑地大放颂辞，你对他人的赞赏应该联系你们眼下所谈的话题。请留意你应以何时何事来称赞，如对方提及的一个话题，讲述的一段经历，列举的某个数字，或是对方向你解释的一种结果，都可被用作引子。

一男青年在饭店与一位认识的女士相遇，她正和一位女伴在用餐，两人刚听完歌剧，穿戴漂亮。这位男青年觉得眼前一亮，很想恭维一下对方："噢，康斯坦泽，今晚的你可真漂亮，很像个女人。"对方难免生气："我平常看上去像什么呢？难道我是清洁工？"

在一次管理层的会议上，一位报告人登台了。会议主持人向略显吃惊的观众介绍："这位就是刘女士，这几年来她的销售培训工作做得非常出色，可说是有了点名气。"这末尾的一句话显然是画蛇添足，让人不太舒心，什么叫"可说是有了点名气"呢？

这些称赞的话因为用词不当，使对方听来不像赞美，更像是贬低或侮辱，最终自然是事与愿违，弄得双方不欢而散。因此，在表扬或称赞他人时也请谨慎小心。

请留心你的措辞，尤其要留心以下几条基本原则：

1. 当列举对方的优点或成绩的时候，不要举出让听者觉得无足轻重的内容。 比如，向客户介绍自己的销售员时说他"很和气"或"纪律观念强"之类。

2. 你的赞扬不可暗含影射对方缺点的内容。 比如，一句口无遮拦的话："太好了，在一次次半途而废和失败之后，您终于大获成功了一次！"

3. 不要以你以前不相信对方能取得今日的成绩为由来称赞他。 比如，"我从来没想到你能做成这件事"，或是"能取得这样的成绩，恐怕你自己都意外吧"。

4. 不能以对待小孩或晚辈的口吻来赞扬。 比如："小伙子，你做得很棒啊，这可是了不起的成绩，就这样好好干！"

把握好赞美他人的度

赞美的话人人都爱听，但"真理向前跨越一步就是谬误"，人们对适度的赞美会感到舒畅；反之，则会感到十分尴尬。

1. 注重过程

这些情况我们可能都体验过。 当你夸奖朋友取得的成绩时，他会说："你不知道我付出了多少心血！"言语间流露出你不知其艰辛、看结果不看过程之意。 相反，如果你说："真不错，一定花了你许多的心血吧！"就会使他觉得心里舒服，认为你很了解他。可见，夸奖劳动的付出是必不可少的，甚至效果更佳。

其实，很多人做事注重过程胜于在乎结果。 如果你人云亦云地夸奖他取得的成果，不但有势利之嫌，还会让人这样想："要是我失败了会怎么样？"因而对你心生厌恶也未可知。 很多名人讨厌记者的采访，也许就有此同感。

2. 及时赞美

见机行事、适可而止是赞美应达到的效果。

某电视台的老张是一名老编辑，他工作总是勤勤恳恳。在他生日时，全室人员为他庆祝，新闻中心主任在祝词中是这样说的："多年来老张工作勤勤恳恳，甘于奉献，却从不争荣誉、邀功劳。在您生日之际，我代表全室人员祝贺您！"主任的一番话令老张很感动，他认为这是领导对自己的肯定。

你把下属当成左膀右臂，使他认为自己很重要，这样的赞美怎么会不赢得人心呢？

3. 频率适度

这里的频率是指相对时期内赞扬同一个对象的次数。次数太少，起不到应有的作用；次数太多，应有的效果也会被削弱。而赞扬的频率是否适度，是以受赞扬者优良行为的进展程度为尺度的。如果被赞扬者的优良行为同赞扬的频率成正比，则说明达到了适度的赞扬频率；如果呈现反比，则说明赞扬的频率已经到了"滥施"的程度。

4. 要有前瞻性和预见性

赞美不仅要符合眼前的实际，而且要高瞻远瞩，前瞻性和预见性是必不可少的。那样才能提升你赞美的高度，你的赞美才能经得起时间的推敲和考验。

有些东西是相对稳定的，比如，人的容貌、性格、习惯等，这方面比较容易称赞；而有些东西则不稳定，如人的行为、成绩、思想、态度等，若从长远考虑，要谨慎进行赞美。